文庫

漢文入門

前野直彬

筑摩書房

まえがき

この本を書くにあたって、私は、高校や大学の教養課程で「漢文」を学ぶ人たち、および「漢文」に興味を持つ一般の人々をまず念頭においた。

「漢文」の定義については、後にあらためて書く。したがって、いまここで「漢文」といっても読者の抱くイメージはまちまちであろうが、私の考える「漢文」は、日本で独自に発達した「訓読法」という読み方と切り離すことができない。この本も、その線に沿って書いてある。だからこの本は、「漢文訓読法」の本だと言いかえてもよい。

「漢文」の対象である中国や日本の古典は、たいへんに数が多い。それらをまとめて手ぎわよく解説するのは困難なしごとであるし、ことにこのようなコンパクトな型の本では、フルスピードで走りぬける書き方をしなければならない。そこで私は、「漢文」として読むものの内容は全部棚にあげて、ただ「読む」という行為だけ、すなわち「漢文訓読法」の説明だけに執着して書こうと決心した。「漢文」には「読む」だけではなく、「書く」という行為もある。だがそれは、今後の日本人にとっては、存在するとしてもごく部分的なものとなるだろう。そこで「書く」ことについても、すべて省略した。

ただ、あらかじめことわっておくが、この本は漢文の読めない学生を読めるようにするためのものではない。その任務は、たくさん出版されている学習参考書が負うべきであろう。この本はただ、「漢文」を読む人のための基礎として、訓読法の原則と、それが成立するまでの過程を述べるにすぎない。しかし、なにごとを勉強するにも基礎が重要なので、漢文を学ぶ読者がこの本によって基礎をかため、その上に学習を進めることが有益であるとは信じている。

もう一つ、ことわっておきたいことがある。私はこの本の中で、「漢文」とはすばらしいもの、おもしろいものだから、ぜひ学びなさいとすすめるつもりはない。「漢文訓読法」は便利な方法ではあるが、欠陥も多い。私の書き方は、むしろその欠陥を指摘する方向をとるであろう。それは訓読で中国の古典を読み、すっかりわかった気になることの危険性に注意を喚起しておきたいためである。

訓読法に対して、現代中国語で直読する方法がある。そして「漢文」ではだめだ、中国語で読むべきだという声も多い。これについてはこの本の最後で触れるつもりだが、私は中国語で読むのがオーソドックスな方法だとは認めるけれども、「漢文」で読んではわからない、あるいは解釈を誤るところが、中国語で読めばただちにわかって正しく解釈できるという説は、信用しない。

だがともかく、現実に「漢文」で中国や日本の古典を読み、「漢文」を学んでいる人がある。その人々のために、「漢文」とはこのようなものであり、このような点に利害得失があるということを認識しておいてもらうことは必要である。この本の大きな目的は、ここにある。

「漢文」を読者にすすめないことは、しかし、「漢文」の対象である中国や日本の古典がつまらないものだということにはならない。むしろ現代のわれわれが読むべきものが多いのである。しかし、だからといって、「漢文」こそ東洋精神の神髄であり、日本人のバックボーンを作るものだとは、私は言うつもりがない。そのような形で「漢文」を鼓吹することは、将来の「漢文」にとって危険だと思っている。

この対極に、「漢文」とは過去の日本の封建性や帝国主義に奉仕し、あるいはそれを育成したものだという主張がある。その事実があったことはたしかであるが、明治以来の「漢文」がすべてそうであったと断定することはできない。そして「漢文」が本質的にそのような性格を持つものだとは、なおさら断言できないのである。

「漢文」の将来、ことに高校の「漢文教育」の将来がどうあるべきかは、これからもいろいろと問題になるであろう。しかしこの本は、「漢文」教育のために書くものではない。というよりも、「漢文」といえばとかく高校の教科としてしか考えないような風潮があることに対して、私は不満を持つのである。「漢文」の方法も、その利害得失も、現代日本人の教養の中の一つとして考えられなければならぬであろう。それを論ずるのは、やはりこの本の範囲外に属する。

くりかえして言うが、「漢文」を宣伝するためでもなく、「漢文」の学力を増進させるためでもなく、ただ「漢文」とはどのようなものかということを明らかにするだけの目的で、私はこの本を書く。これを読んで「漢文」の性質を理解し、意識的にその欠点を補う読み方をしようとする読者があれば、私としては満足である。また、いまの「漢文」は欠点が多すぎるとして別の読み方に進む人があれば、それもまた私の意図から外れたものではない。

一九六八年八月

前野直彬

目次

漢文入門

1　漢文とは何か

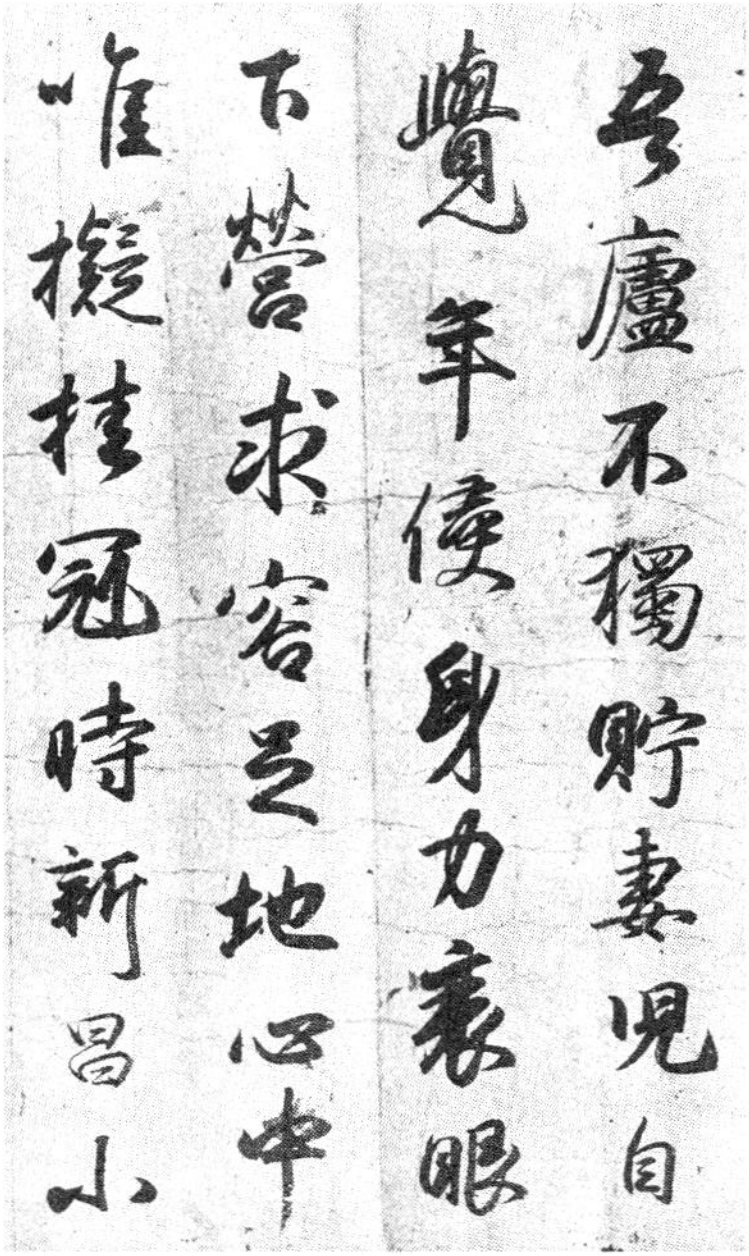

三蹟の一人小野道風の書

〈1〉「漢文」とは

漢字だけで書いたものが漢文か

「漢文」という言葉は、現代の日本語として、べつに特殊なものではない。この言葉を聞いた人は、いまでは高校の国語科古典や大学の教養課程で教えられているような、漢字の行列にカタカナや一・二などの符号のついた、あれを思い浮かべるであろう。さらには『論語』や『唐詩選』などの、中国の古典を連想する人があるかもしれない。

具体的なイメージを思い浮かべるのは、比較的簡単なのである。だが、「漢文」を定義せよといわれると、少々めんどうなことになる。さしあたり、高校の漢文教科書を例にとって考えてみよう。その中にはいっているのは、まぎれもない「漢文」にちがいないのだから。

まず、「漢文」を中国の古典だと定義したとする。ところが教科書には日本人が書いた詩や文章もはいっているのだから、この定義は成り立たない。

次に、「漢文」は漢字の行列にカタカナや一・二などの符号がついたものと定義してみよう。教科書の中には、わずかではあるがカタカナを省略したり、符号まで取りはらったりしたものがある。

それなら、漢字だけで書いたものが「漢文」なのか。しかし、「慶應義塾大学」や「憲法改悪反対」や「創業三十周年記念謝恩大特売」などは、漢字だけにはちがいないが、「漢文」というには抵抗を感ずる。長さの問題ではない。漢詩の五言絶句などは、たった五字だけの一句でも、レッキとした漢文なのだから。

いま、「漢詩」と書いた。そこから考えると、「漢詩漢文」という言葉もある。この場合の「漢文」は、「漢詩」と対応するものである。しかし漢文教科書には、漢詩もはいっている。どうやら「漢文」には、二通りの意味がありそうである。

このように考えが混乱したときには、言葉の原義にさかのぼって見るのが常識的な方法なのだが、実はそれが、新たな混乱をおこすもとになるのである。しかし手続き上、一度はその混乱に首をつっこまなくてはならない。

「漢文」のような言葉は、ふつう、漢語と呼ばれる。漢語には中国から輸入されて、日本に土着したものが多い。そこで中国に目を向けると、たしかに「漢文」という言葉が使われている。ただしその意味が、日本で使われている意味とは違うのである。

魯迅《ろじん》という名前は、現代の日本人にとって耳遠いものではあるまい。中国近代の文学者として、最も偉大な存在である。この人が、『漢文学史綱要』という本を書いた。

かれは若いころ日本に留学したことがあって、日本語は達者である。日本で使われている「漢文」の意味も知っていたであろう。しかし、かれが「漢文学」といったのは、「漢代の文学」という意味であった。つまり「漢文」の「漢」は、日本では「中国」というのにひとしい意味だが、中国では一つの王朝の名として使われているのである。「漢詩」についても、同様である。日本では五言律詩とか七言絶句とか、要するに中国の古典的な詩歌を「漢詩」と総称するが、中国でいう「漢詩」は、「漢代の詩」という意味に限定される。そうすると、律詩などは漢から数百年後の唐代になってできたものだから、絶対に「漢詩」とはいえないわけである。

日本と中国では意味が違う

ただ、「漢語」という言葉だけはすこし違う。日本語でいう「漢語」については、あとでもう一度書くつもりだが、ともかく本来は中国から渡来した語という意味であった。ところが現代中国では、これを「中国語」の意味で使う。現代の中国は漢民族を中心とし、ほかのいくつかの少数民族が集まって国家を形成しているので、その中の「漢民族の言語」という意味で「漢語」と称するのである。しかし日本では少数民族の言語はあまり実用性がなく、もっぱら漢民族の言語だけを相手にするのが通常なので、むこうで「漢語」と称するものを「中国語」と呼んでいる。

つまり「漢文」「漢語」などというときの「漢」は、本家の中国では「漢代の」またはば「漢民族の」といった、限定された意味であるが、日本ではそれを広く「中国の」という意味に用いる。ちょうど江戸時代の日本人が中国のことを唐土、中国人を唐人などといっていたのと同じことである。江戸時代の中国はだいたい清《しん》王朝の時代にあたるのだが、現在の王朝名をいわずに、過去の一時代の王朝名によって中国全体を代表させたのであった。

だから、もしも現代の中国人に「漢文」と書いて見せたら、まず「漢代の文章（または文学）」のことだろうと思うにちがいない。そうではないと言ったら、次には『漢語』で書かれた文章」という意味だと考えるであろう。そうなると現代中国語も「漢文」だということになって、こちらの考えている「漢文」のイメージとは、かなりくいちがってくる。そうではなくて、日本の漢文教科書にあるような中国の古典的な詩文をひっくるめて「漢文」というのだとは、日本語をよく知っている中国人でないかぎり、容易には思いつかないであろう。

つまり、われわれの使っている「漢文」は、日本製の言葉なのである。そうなれば中国での原義を離れて、日本語としての意味を確定しなければならない。

中国での原義から離れる前に、一つだけ確認しておこう。「漢文」という二字の言葉を、現代の中国人はhan-wenと読む。同じ文字を、われわれは「カンブン」と読む。そして両者の理解する意味はそれぞれに違うのだが、これは読み方の差から生じたわけではない。げんに、「明月」という言葉は日本でも中国でも意味は同じだが、中国人はming-yueと読み、われわれは「メイゲツ」と読む。読み方は違うが、たがいに別のものを意識しているわけではない。

〈2〉「漢文」の基本的意味

中国語を日本語で読む

つまり、本来は中国語であるものを、われわれは日本語で読んでいる。ここが重要なポイントなのである。二字の言葉だけでは不足だから、もっと長い例をあげよう。有名な唐詩の一句に、

水村山郭酒旗風

というのがある。春の風景をうたったもので、川べりの村にも、山里にも、酒屋のし

るしの旗が春風になびいているという意味である。これを現代の中国人ならば、

Shui-cun shan-guo jiu-qi feng

と読む。しかし日本人は通常、これを、

スイソンサンカクシュキノカゼ

と読んでいる。読み方は違うが、やはり意味に違いがあるわけではない。

中国人が中国語で書いたのだから、われわれも中国語で読んで、それから意味を理解しなければならないはずである。しかし現実にわれわれは、いきなり日本語として読んで、意味をとることができる。これが日本でいう「漢文」の基本的な意味なのであった。

つまり「漢文」とは、中国語で書かれた文を、中国語では読まずに、いきなり日本語として読んだときの名称なのである。英語でもフランス語でも、われわれがその文章を読むときには、まず英語やフランス語で読み、それから日本語に翻訳する。ところが中国語に対しては、その発音を知らなくても、いきなり日本語として読むことができる。外国語に対するこのように特殊な読み方が、「漢文」の二字の中に含まれて

いるのである。

ただし、詳しいことはあとで書くが、中国語が全部「漢文」として、すなわち直接に日本語として読めるわけではない。読めるのは中国語の中でも古典的な、文語系統の文章だけである。

ここで、「漢文」に定義を下すときが来た。「漢文」とは中国の古典的な文を、中国語を使わずに、直接日本語として読んだ場合、その文に対してつけられた名称である。いきおい外国語という意識は薄くなるので、日本人が日本語を「漢文」風の文体で書いたものも、やはり「漢文」の中に含めて考えられる。理窟からいえば和文英訳と同じことで、和文漢訳になるわけだが、「漢文」を外国語と見ない以上、「訳」という意識もおこらないわけである。

広い意味と狭い意味

しかし、「漢文」のもとになった中国語が外国語であることに変わりはない。それを直接日本語として読むためには、いくつかの操作が必要である。それが返り点・送りがななどの、いわゆる「訓点」となってあらわれる。だから訓点がついているものは、もちろん漢文なのであるが、漢文には全部訓点があるとは限らない。返り点・送りがなをつけずに読んでも、中国語の発音で読まない以上は、やはり「漢文」なのである。

ただし、その「漢文」にも広い意味と狭い意味とがある。広い意味とは韻文・散文の双方を含めたものであり、狭い意味とは「漢詩」に対して散文だけをいう場合である。しかし広く解釈するのが本来の「漢文」の意味なのであって、実際にも広い意味に用いられる場合のほうが多い。

さて、これでひととおり「漢文」の定義ができた。この本では、これから「漢文」というときには、すべてこの定義の、しかも広いほうの意味で使うことにする。そうきまったのだから、もう「漢文」を「 」の枠の中から解放してやることにしよう。

2　漢字と漢語

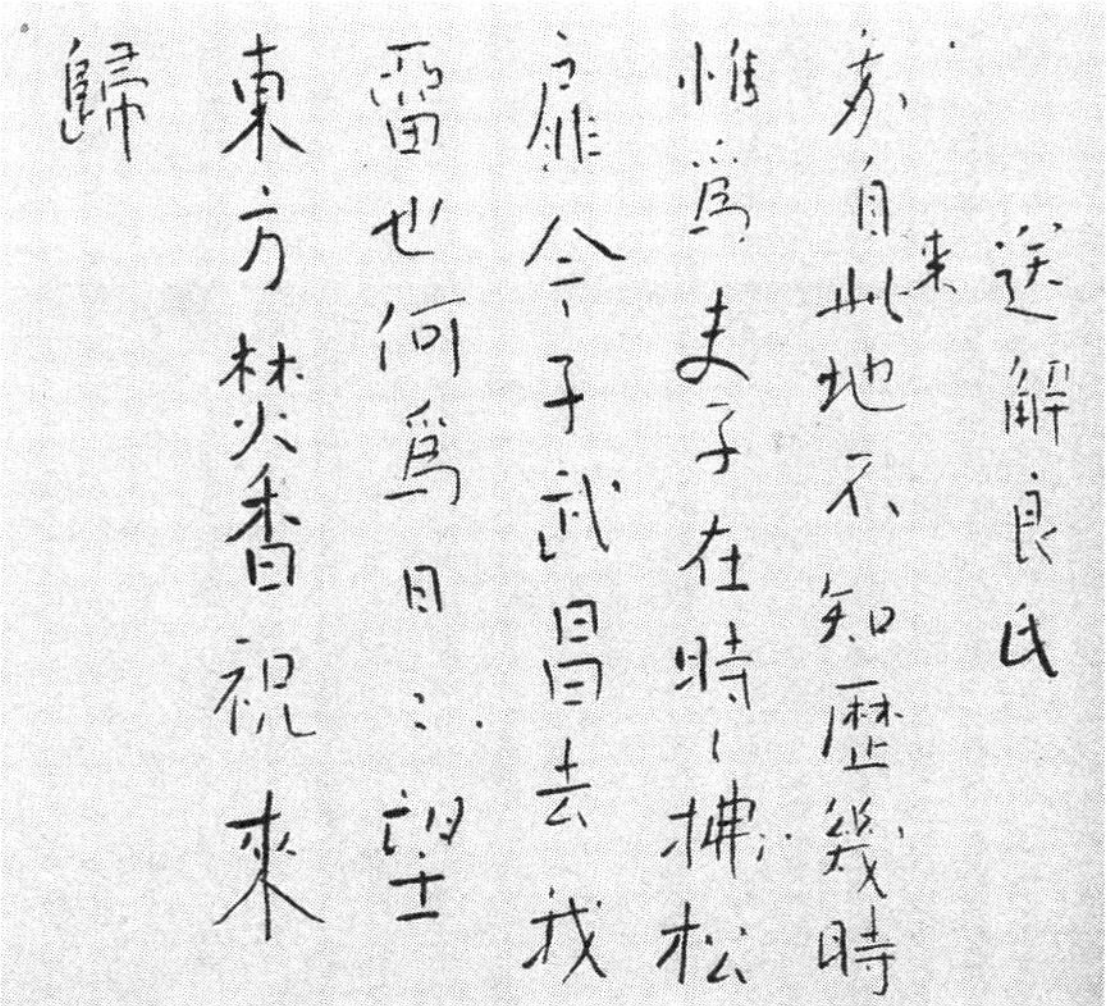

良寛の書（江戸時代）

〈1〉　漢字の特色

表意文字

漢文はもともと、漢字だけで書かれている。カタカナや一・二などの符号がついているのは、日本人が訓読するときの便宜のためなのであって、これについてはあとで訓読の説明のときに書くこととする。

漢字は一字ずつが意味を持っている。これがカナモジやアルファベットとは違うところで、そこで漢字は表意文字と呼ばれる。カナモジやアルファベットは発音だけを示し、いくつかを組みあわせることによって意味を持つから、表音文字と呼ばれる。

だが、漢字も二字以上が組みあわされて、一つの意味をあらわすことがある。たとえば「高山」は、英語でいえば high mountain であって、二つの語（word）から成っている。しかし「学校」は、もとをいえば「学ぶ校」の意味ではあるが、英語の school の一語に相当する。つまり「学校」の「学」と「校」との結びつきは、「高山」の「高」と「山」との結びつきよりももっと緊密なのであって、一字ずつ切り離すことも不可能ではないが、そうすると意味がはっきりしなくなる。

だいたい、「校」には一字だけでも「学校」の意味がある。しかし一方ではまた、「くらべあわせる」「軍人」などという意味もある。しかも「校」は「効」とまったく同じ発音なので、耳で聞いたときには区別がつかない。そこで学校の意味のときは「学校」、印刷物を原稿とくらべあわせて誤りを直すときは「校正」、軍人のときは「将校」というように、二字をつなぎあわせれば、意味もはっきりするし、「効」とまぎれることもない。だから「学校」「将校」などは、一字ずつに切り離すことが理論的には可能であるが、そうしたら意味がわからなくなる、すくなくとも明瞭ではなくなってしまうのである。

つまり、漢字は一字ずつが一語をなしているが、二字が結びついて一語を構成しようとする傾向がある。三字・四字でもよいわけだが、あまり長くては不便だし、口調も悪いので、二字で構成されたものが圧倒的に多い。通常、これを「熟語」と呼んでいる。英語の idiom とは意味が少し違うし、「学校」などは単語と見てもよいわけだが、ここでは通例に従って、漢字二字以上から成る語を熟語と呼ぶことにしておく。

〈2〉 実字・虚字・助字

漢字の分類

漢字は一字が一つの意味を持つが、その品詞は確定しかねることが多い。たとえば「先」は碁・将棋でいうときは名詞であり、「先《さき》んずる」と読むときには動詞となり、「先発」「先勝」というときは「さきに」「まず」という意味だから副詞となる。そして動詞のときには、「先んずる」か「先んじた」か、つまり現在か過去かも判別できない。これは中国語が英語のような動詞の変化を持たず、日本語の助動詞にあたるものも持っていないためである。

したがって漢文を品詞に分類しようとする試みは、以前から多くの文法学者が努力しているが、まだ確定的な理論はできていない。すくなくとも、日本文法や英文法と同じ概念・同じ品詞の種類を用いて処理することは、不可能なのである。

ただ、中国では昔から、漢字を二種類に分類する考え方があった。まだ文法の観念が発生する前であるから、現在の文法学から見れば幼稚で粗雑な分類ではあるが、長い年月を経て定着したものだけに、漢文の実体には適合している。漢文法を考えるときには、どれほど新しい文法論にもとづくにしても、このことだけはいちおう頭に入れていなければならない。

それは実字と虚字または助字とに区別する分類法である。ただし実字・虚字などの定義は、時代により人によって違いがある。

実字

まず、実字は現代の品詞分類における名詞に相当するもの、虚字はそれ以外のすべての品詞とする分類法がある。この方法によると、同じ漢字でも実字の場合と虚字の場合とができる。「先後」というときの「先」は実字、「先発」「先勝」「先人」の「先」はすべて虚字となるわけである。しかしこの定義は古い時代のもので、いまではあまり一般的でない。

次に、実字とは単独で意味を持つもの、虚字とは単独の意味は求めにくいが、文中においては一つの意味を持つものとする分類法がある。たとえば、

出門而去（門を出《い》でて去る＝門を出て、立ち去った）

という文の場合、「出」「門」「去」の三字は、品詞の違いはあるが、一字ずつ意味を

説明できる。すなわち、三字とも実字である（前の分類法ならば、名詞の「門」だけが実字で、あとの三字は虚字ということになる）。ところが「而」は、これ一字だけを取り出して意味をたずねられても、答えようがない。答えられるだけの実体のある意味を持っていないのである。しかし、意味がまったくないわけではない。前の例文を日本語に訳して「門を出て」とした、その「て」は、「而」の意味を含んでいる。つまり「而」はこの場合、「門を出て、そして」といった感じを表現しているのである。このような文字を虚字とする。この分類法は、現在でもかなり一般的に通用しているものであり、この本でも以下に実字・虚字というときには、こちらの定義に従うことにする。

虚　字

その定義による虚字には、主として文のはじめにおかれる夫（それ）・惟（これ・ただ）・蓋（けだし）・豈（あに）・安（いずくにか・いずくんぞ）など、主として文の終わりに来る也（なり）・矣（い）・哉（や・かな）・邪（や・か）など、また文の中間に用いられる以（もって）・使（しむ）・見（らる）・於（おいて）などがある。もっとも実体のある意味を持つか持たないかの区別は、しばしば微妙なことがあり、虚字の範囲をなるべく広くしようとする考えと狭く制限する見方とがあって、どれとどれを虚字にするかは、人によって多少の相違がある。

虚字は漢文訓読では読まないことがある。前の「出門而去」の「而」もその例である。このように読まない字を、訓読法では「置き字」という。だがこれは訓読のときだけにおこる現象なのであって、中国人が中国語で読むときには、もちろん「而」をも読むのだから、置き字という観念はない。

したがって、訓読では読まない虚字であっても、軽くあつかうのは危険である。次の二つの例文を見るがよい。

A 看花而還

B 看花還

「而」は訓読では読まないから、AもBも、「花を看《み》て還《かえ》る」と読むことになる。しかし訓読が同じだから意味も同じとは限らない。

第一に、Aははっきりと、「花見をして、それから帰る（または、帰った）」という意味である。ところがBは、その意味にもとれるが、また「花を見ながら帰る」とも解釈できる。前後の関係しだいで、そう解釈しなければならないときがあるはずだ。

第二に、Bのほうは、理窟としてはおかしいが「花が帰って行くのを見る」と解釈することも文法的に可能である（この場合、訓読は「花の還るを看る」となる）。Aでは、絶対にそうはならない。

第三に、Aはこのままで安定した一句であるが、Bは不安定である。つまり、Aは完結した文であるのにくらべて、Bは前後に何かがほしい。したがってBを日本語に訳したときは、「……花を見て帰る」とか、「花を見て帰ると……」「花を見て帰って……」というように、完結した文の一部を抜き出した感じになる。

これだけの相違が、訓読では読まない「而」の一字から発生する。ここに虚字の重要性があり、文を書くほうの立場からいえば、虚字の使い方しだいで文のニュアンスをいろいろに操作できるのである。

この虚字はまた、「助字」と呼ばれることもある。実字に対応する語としては虚字のほうがふさわしいが、実字をあまり意識せず、文中において補助的な機能を持つ文字という意味に考えれば、助字の名称もふさわしい。

虚字・助字はまた、虚詞・助詞あるいは虚辞・助辞と書かれることもある。「詞」と「辞」は中国語では発音が同じであり、しばしば混用されるので、どちらの文字を使っても意味に変わりはない。虚字・助字というと漢字そのものに重点がある感じだが、虚詞・助詞ならば名詞・動詞などという名称とならぶわけで、wordに重点をおいたことになる。文法学上の名称としては、このほうがふさわしいであろう。また同じ意味で「語詞」という名称を使う学者もある。

ただ、「助詞」と書いたときには日本文法との混同がおこる。しかし漢文法でいう助詞＝助字は、日本語のテニヲハと同じではない。「看花而還」の「而」は「花を看て」の「て」にあたるから、やはり日本語の助詞と同じものだと考える人があるかもしれないが、訓読された日本文の品詞分類で原漢文の品詞をきめることはできない。それはon the deskが「机の上」という意味だから、onは名詞だと主張するようなものである。

わかりきったことのようだが、念をおしておかなければならない。漢文法の助詞＝助字と日本文法の助詞とは、まったく別のものである。訓読でたまたま同じような意味になることはあっても、だから文法的にも同じだとはいえないし、第一それは部分的な現象なのである。漢文法の助詞の多く、たとえば「蓋（けだし）」・「以（もって）」・「也（なり）」などは、訓読しても日本語の助詞にはならない。漢文法には、日本文法と同じ意味の助詞はないと考えるべきなのである。

〈3〉漢語と和語

「漢語」の条件

「漢語」という言葉の中国における意味については、前に書いた。ここでは日本で一般に用いられている「漢語」について考えよう。

その「漢語」も、それほど厳密な定義のもとに使われているのではなさそうである。そこで、まず常識的に「漢語」と呼び得るための条件を整理してみたい。

第一に、「漢語」は漢字二字以上から成り、しかも漢字のみで構成されていることが必要である。だから「高山《こうざん》」は漢語であるが、「高い山」は漢語ではない。

第二に、「漢語」は構成する漢字がすべて「音《おん》」(これについては、あとでまた説明する)で読まれていなければならず、「訓」をまじえてはいけない。だから「高山《こうざん》」は漢語であるが、「高山《たかやま》」は漢語ではない。同様に、「組合《くみあい》」「書留《かきとめ》」も漢語ではない。

この二つの条件は、まず妥当なものと認めてよかろう。しかし、その先に問題がある。

漢語は漢字だけでできている。中国人が書いた漢文も、やはり漢字・漢語によって構成されている。そうすると、日本人と中国人とは、漢語という共通した言葉を持っていることになる。われわれが使っている漢語は、もとは中国から渡来したものである。あるいは、われわれが使っている漢語を、中国人も同じように使っている。――このような考え方は、一見、筋が通っているようだが、実は誤りなのである。

漢語とひとくちにいっても、内容はさまざまである。まず、二種類に分けて見よう。第一に、日本語としても中国語としても、意味が完全に、またはだいたい一致するものがある。たとえば「高山」「明月」「白雲」などで、これらは日本人が見ても中国人が見ても、同じものしか考えない。また「疾病」は、中国ではもともと「病気が重い」――「病気が重くなる」といった意味であったが、単に「病気」「病気になる」の意味で使われることも、ないわけではない。日本ではもっぱらあとのほうの意味に使うわけで、中国での本来の意味とはズレているが、まあだいたいは同じことをいっていることになる。

これらの漢語は、漢文を媒介として中国から日本に渡来したものである。中には日本に来てから、風土や習慣に合わせていくらか意味を変えられたものもあるが、それでも中国での本来の意味に制約されるので、あまり大きな変化はおこさない。

また二十世紀になってから、次に書く日本製の漢語がこんどは中国に輸出され、中国語として定着するケースが生じた。「労働者」などがそれであり、自然科学の用語などには同様の例がすくなくない。これは中国人が日本を通してヨーロッパ文化を吸収しようとした跡を示すものだが、この種の漢語が日本と中国で同じ意味を持つのは、当然である。

和製の漢語

第二に、日本で使われている漢語の中には、中国では使われず、したがって中国人に見せても意味が通じないもの、また中国にも同じ漢語があることはあるが、意味がまるで違っていたり、ごく特殊の場合にしかその意味に使われなかったりするものがある。

たとえば、「農業協同組合」を簡略化した「農協」は、前の条件にあてはめればたしかに漢語である。だがこれは日本で作った略称なのだから、中国で通用するはずがない。中国人に見せても、「農」がどうして「協」するのだろうと考えて、結局わからないということになるのは当然である。

また、「向上」という漢語がある。学力や体力を「向上させる」というように用いる。ところで中国にも「向上」という漢語はあるが、それは「上方」「上《うえ》に」といった意味である。したがって「学力向上」と書いたとき、われわれはべつに抵抗なく意味を了解することができるが、中国人から見れば、学力がどうして天井を向くのだろうと不審に思うことになる。「上にのぼって行く」という意味は、中国の「向上」の中には含まれていないからである。

両国で意味の違う漢語

同じようなケースは、ヨーロッパの言葉に対する訳語を日本と中国で別々に作った場合に多い。たとえば日本で「汽車」といえば、蒸気機関車が引いて走る列車のことだが、中国の「汽車」は、日本語の自動車である。日本の「汽車」は、中国では「火車」という。だから中国人が日本へ来て「火の車」に乗るといっても、貧乏人だと思ってはいけないし、日本人が中国へ行って「汽車」に乗りたいといえば、向こうの人はタクシーを呼んで来るだろう。

さらに、「勉強」という漢語がある。日本語としての意味はいうまでもないし、たしかに中国から渡来した漢語で、中国でもこの言葉を使う。ただし中国での意味は「努力する」、とくに「いやいやながら、むりに努力する」「不本意ながらつとめる」といった意味である。努力する内容はなんでもよいのであって、学問に努力する場合にも使われることは使われるが、それはほんの一部分である。しかも「いやいやながら」という意味が加わらずに使われることは、まずないといっていい。だから日本での使い方としては、このごろはすくなくなったが、商店の主人が「千円の品ですが勉強して八百円にしておきます」というときの「勉強」が、この漢語の原義にかなっている。「勉強が好きだ」などというのは、原義から見れば完全に矛盾した表現となるわけである。

これらの例のうちで、「勉強」は中国から渡来した漢語が非常にかたよった意味に受けとられ、そのまま独自の発展をしたものであるが、あとの「農協」や「向上」は、日本で作られた漢語であった。同じ漢語が中国にはない場合も多いし、偶然にそれがあっても、意味は別々であるから、相互に通じあうことができないのである。

われわれは漢字が中国から輸入されたものであることを知識としては頭に入れているが、なにぶんにも先祖代々千数百年も使い続けて来たので、自分たちの文字だと思いこんでいる面もある。だから中国での原義とは無関係に独自の意味を漢字につけ加えたり、漢字をつなぎあわせて漢語を作ったりして来た。ときには漢字をさえも作り出したのであって、「峠《とうげ》」「辻《つじ》」「躾《しつけ》」などは、日本製の漢字である。だから中国人に見せても、発音もできないし、意味もわからない。もっとも字形をながめていれば、およその推測のつくものはあるだろうが。

このことは、ひどく乱暴な作り方をしたものを除けば、日本語を豊富にする力の一つになったわけで、否定すべきではない。中国での原義に義理を立てて、日本での誤用や意味の偏向に一々文句をつけてもはじまらないばかりか、よけいな混乱をおこすであろう。日本語として使うときはそれなりに意味の筋が通っていればよいことである。

だが漢文を読むときには、それではすまない。中国人が漢文の原文を書いたときは、もちろん日本でこの漢字・漢語がどう使われているかを考慮のうちに入れたはずがないからである。したがって漢文の中に「向上」という漢語があり、それをレヴェル・アップの意味に訳したとすれば、大きな誤訳をおかしたことになる。日本語ではその意味に使うのだといっても、弁解にはならない。原文の筆者はそんな意味があることを、夢にも考えなかったであろう。

ヨーロッパ人が中国語で書かれた文を読むのはむずかしい。かれらは漢字というめんどうなものを読むことに、大きな精力をついやさなければならないからである。それにくらべれば日本人が漢文を読むのは、いくらむずかしい漢字が出て来るにしても、ともかく漢字には違いないのだから、ヨーロッパ人ほどの抵抗は感じないであろう。

だがそのかわり、別の落とし穴がある。つい日本語の意味で読んでしまって、誤りをおかすことがすくなくない。日常使う漢字・漢語の場合、ことにそれが多いのだから、しまつがわるい。

もう一つだけ例をあげよう。「新聞」という漢語がある。中国ではあまり古い時代の用例は見あたらないが、明代ごろの文章にはときどき見られる。「近ごろ珍しいうわさ」というほどの意味である。それをうっかりして、明代からすでに新聞紙が発刊されていたなどと論じては、大きなまちがいになる。現代日本語の「新聞」は、現代中国語では「報」という。

和語

さて、日本で漢語に対応するものは、「和語」であり「やまとことば」である。「春風《しゅんぷう》」は漢語、「はるかぜ」は和語であることは、説明するまでもあるまい。もっとも和語の中にも、漢字・漢語の渡来以前から存在したものと、その渡来以後に漢語を日本風にいいかえることによって成立したものとがあるわけだが、その区別は見わけにくいことが多いし、当面の問題ともかかわりがない。

和語が日本で作られたものであり、それを使って漢文を翻訳することはさしつかえがないどころか必要でもあるのだが、その場合に原文の漢語との間には意味の上で多少のズレが生ずることもあるとは、誰でも認めるであろう。同様に、漢文の中に「向上」という漢語があったとき、それがこちらの「向上」と字づらは同じだが、本来別々のものだから多少どころではないズレがあると考えるべきである。

そう考えるならば、「向上」や「汽車」は、漢語のような顔をしているが、ほんとうは和語だとしてしまったほうが、話が早い。つまり日本で使われている漢語とは、もともと中国に存在した漢語で、しかも中国で使われた意味と完全に、もしくはだいたい一致しているものと限定してしまい、あとはいくら漢字だけで書いてあろうと音《おん》で読もうと、すべて和語だとしてしまうのである。こうすれば漢文を読むときの誤解は、かなり防止できよう。

ただしその場合の漢語と、一見漢語風の和語とは、外形からでは区別がつかない点が問題である。ほんとうは漢和辞典がその区別をつけてくれるべきなのであって、専門的には区別のつけにくい場合も少なくはないのだが、およその見当を示すことはできそうなものである。しかしこれまでの漢和辞典は語彙の数や解釈の量を豊富にすることに重点があって、この点に対する配慮には乏しい。

残るところは、専門的になるが、中国で作られた辞典、つまり向こうの国語辞典を使うほかはない。これには日本製漢語への配慮が少ないから、純粋な漢語の意味を知るために有効なのである。しかし中国ではまだ完備した古語辞典ができていないし、日本製漢語がまったく混入していないわけでもないので、完全に頼りきることもできない。

せっかく漢語の内容を限定しても、それを具体的に示したものがなくては役に立たない。しかし漢文をある程度読み慣れれば、いくらか見分けがつくようになるものである。以後、この本で「漢語」というときには、特にことわらないかぎり、限定された意味での漢語をさすことにする。その限定が厳密にできないことはこれまでに述べたとおりだが、すくなくとも理念の上では限定しておかないと、叙述が混乱してしまうからである。

さて、これで漢語の問題がかたづいたかというと、そうではない。厄介なことに、漢文には日本人の書いたものがあって、その中には日本製の漢語の出て来ることがある。そうなると、さっきの限定をまた緩めなければならなくなるわけだが、この問題は項目をあらためて次に述べよう。

〈4〉 和　臭

日本的表現の一例

昔の日本人はしばしば漢文でものを書いた。平安時代の男子は何を書くのも漢文によるのが通例で、かな文は女性が書くものとなっていたことは日本文学史の常識だから、あらためて説明するまでもあるまい。このようにして日本人が書いた漢文、いわゆる日本漢文は、遣唐使について行って中国に留学した人などは別として、中国語として書かれているわけではない。日本語で考えながら、書くときは漢文の文法に従って書いたのである。当然、ときには表現に無理な点が出て来るのもやむを得ない。実例について見よう。平安朝に作られた詩の一節である。

物候雖言陽和未
汀洲春草欲萋萋

物候は陽和未《いま》だしと言うと雖《いえど》も
汀洲《ていしゅう》の春草は萋萋《せいせい》たらんとす

風物・気候（物候）はまだ春のさかりの明るいのどけさ（陽和）になっていないとはいうものの、水ぎわの洲《す》（汀洲）のあたりの春の草は生い茂ろうと（萋萋）している、という意味である。
この二句のうち、あとのほうは問題がない。ここでとりあげるのは、前の一句である。訓読したところでは口調があまりなめらかでないが、さして問題もなさそうに見える。ところが、そこが問題なのである。

まず、「言うと雖も」というところは、作者としては「……とはいうものの」の意味で書いたのであろう。だがそれなら、漢文では「雖」の一字でまにあってしまう。しかも日本語の「……とはいうものの」の「いう」は、誰がいったとか話したとかは関係がないから、主語を意識せずにすむ。だが漢文で「言」と書くと、省略されていてもよいが、ともかく誰かが「いう」と考えずにはいられなくなる。ところが、その誰かがどこにも見あたらないのである。まさか「物候」がいったとは思えない。結局、漢文としては不完全な表現だということになる。

次に「陽和未」は、「陽和が未《ま》だである」と書いたつもりにちがいないが、漢文でこういう語順になっている場合は、「陽和になったか、それともまだか」の意味になる。つまり疑問文なのである。「陽和がまだだ」といいたいならば、決してほめた表現ではないが、「未陽和（いまだ陽和ならず）」と書けば、まだしも意味が通ずる。ところがこの句は、最後の一字が平仄《ひょうそく》の仄声の字を使わなければならないのだが、「和」

は平声であるから、「未陽和」とは書けない。「未」なら仄声だから、そこでわざと順序を逆にしたのであろう。訓読してしまえば「いまだ陽和ならず」も「陽和いまだし」も同じ意味になるが、漢文法としては「未陽和」と「陽和未」とでは否定文と疑問文でまるきり違う、ということに作者は気づかなかったのか、あるいは気づいていたが、どうせ訓読して意味をとるのだからかまわないと思ったのか。どちらにしても、この詩句を中国人に読ませたら解釈ができないことは、まちがいがない。

不自然な漢語

こんどは江戸時代の詩から一例をあげよう。ある有名な詩人が吉野へ行って南朝の旧跡をたずねたときの作の中の一句である。

南朝天子御魂香　　南朝の天子御魂香《ぎよこんかんば》し

ちょうど桜が満開で、吉野山は見わたすかぎり桜の花であった。南朝の天皇の霊魂もその中に包まれて、よい香りを帯びているであろうという意味である。

この詩は決して下手な詩ではないが、いまは巧拙を問題にするのではない。問題は「御魂」の二字にある。「御」は日本語ではいろいろな言葉の上について尊敬・叮嚀《ていねい》の気持ちを表現するが、漢語では事情が違う。「御子息」「御心配」などといった表現は、漢語にはない。「御」がつくのはほとんど天子の場合に限られるのであって、天子の庭を「御苑《ぎょえん》」、天子の着物を「御衣」、剣を「御剣」などという。ただ、天子ならばなんでも「御」がつくというわけでもない。どうやら天子自身の精神や肉体に関する言葉には「御」がつきにくいらしく、たとえば天子の顔は「竜顔」とは言うが、「御顔」とは言わない。

だから「御魂」も、いかにも漢語らしく見えるが、実は和製なのである。もっとも、こう断定するのは常に危険がともなうのであって、厖大《ぼうだい》な中国古来の文献の用語を全部調査することは、電子計算機がよほど発達すればともかく、現在では不可能である。だから文献の中には、ことによると一つや二つ、「御魂」の語を用いたものがあるかもしれない。だが、あったとしてもそれはよほど特殊な、極端にいえばひねくれた使い方であることはまちがいがないので、「御魂」を和製と断定するのは百パーセントとまではいえなくとも、九十パーセント以上は確実なのである。

この詩の作者も、たぶんそのことは知っていたであろう。しかし天皇の霊魂を「魂」とだけ書いたのでは失礼になるから、なんとか敬語をつけたいと考えたにちがいない。すると、日本語には「みたま」という言葉があり、漢字で書けば「御魂」か

「御霊」になる。そこで「御魂」を選んだ。日本語として読んだときには、それですこしもさしつかえがないのだが、漢語としては不自然な表現になっているのである。

リズムの無視

最後に、明治初年の詩から一例をあげよう。維新のときの会津の白虎隊をうたった有名な詩の一句である。

俯仰此十有七年　　俯仰此《ふぎょうここ》に十有七年

白虎隊の悲劇から、いつのまにかこれで十七年の歳月が流れたという意味であろう。「俯仰」とは上を向いたり下を向いたりすることであるが、「俯仰之間」という言葉があって、上を見て下を見るぐらいの短い時間の意味に用いられる。つまり、「あっというまに」「見る見るうちに」というほどの意味に相当する。ただ「俯仰之間」を「俯仰」と略して言うのは、あまり例のない表現ではあるが、省略してはいけないともいえない。

だからこの一句は、用語・文法とも、べつに支障はない。問題なのは、詩としてのリズムなのである。七言の詩は四字・三字の構成になるのが通例であって、四字目の次に小さな休止がおかれる。それで読むと、この一句は「俯仰此十、有七年」となって、意味をなさない。

ただし破格として、三字・四字の構成をとる場合も、ないことはない。この一句はそれを考えたのかもしれないが、工合の悪いことにここの「此」は「十有七年」のほうにかかる言葉で、「俯仰此」とは結びついていない。だから三字・四字ではなく、二字・五字の構成なのである。

さらに弁解すれば、杜甫の詩にも「独立縹渺之飛楼（独《ひと》り立つ縹渺《ひょうびょう》たる飛楼）」などと、二字・五字の構成をとった極端な破格が、あることはある。だがその場合も、破格は破格なりに一つのリズムをたもっている。「俯仰此十有七年」では、破格のリズムをも成していない。これを訓読したときには、訓読のリズムがすこしおかしいとは感じるが、べつに致命的なほど崩れているわけではなかろう。しかし中国語として上から読んだときには、明らかにおかしいのである。

さて、以上の三つの例に共通しているのは、訓読した場合にはそれほどおかしくないのだが、中国語として読むと、どこかがおかしいことである。これは作者が日本語で考え、日本語の頭で書き、中国語の目では見ていなかったことを意味する。漢文が日本語で読むものである以上、このギャップはほとんど宿命的ともいえるのであって、どうせ日本語で読むのだから、うるさく文句をつける必要はないとも考えられよう。

だが、日本語で書くならば通常の漢字かなまじり文を使えばよいので、なにもめんどうな漢文を書くことはない。漢文で書く以上は、本家の中国人にもわかるような文法・用語・リズムで書くべきだという考えも成り立つ。ことに江戸時代の漢学者は、漢文の中に日本語的な要素が混入するのを「和臭」と称して嫌った。だからかれらの書いた漢文には、それ以前の日本漢文にくらべて、総体的に和臭が減少している。

日本人にだけわかる漢文

しかし、一方では漢字だけで書いてあれば漢文だとする観念が、かなり強く存在した。あるいは現代にも、その根が残っているかもしれない。漢文をそのように定義したければ、それは定義する人の自由であるが、その意味での「漢文」は中国とは無縁のものと覚悟をきめなければならない。なまじ漢文は中国から渡来したものだという知識だけがあって、それをこの定義と重ねあわせると、妙なことになってしまう。すなわち漢字だけで書けば中国人にもわかるはずだという観念が生ずるわけで、それが誤りであることは、これまで書いてきたことによって明白であろう。

たとえば江戸時代に幕府や諸藩で出した命令書などには、末尾によく次のような文句がついていた。

　屹度可被仰付事（きっと仰《おお》せつけらるべきこと）

命令書などは威厳が必要だったのであろうが、かなまじりでは威厳に乏しいと考えられたらしく、とかくこのように漢字だけで書いた文が多い。ただ、あまりむずかしい漢文で書いて読むほうにわからなくては困るので、当時としてはごくやさしい日本語を、漢字だけで書いたのである。

　この文の筆者自身が、これを漢文と意識していたかどうかはわからない。ただ漢文の知識がなければ読めないことはたしかである。「被」を「らる」と読み、しかもそれが動詞「仰付」の上にあり、さらにその上に「可」があるのは、漢文的な構文にまちがいがない。

　ところがこの文は和臭があるどころか、全文和臭のかたまりなのであって、漢文といえるしろものではない。まず「屹度」の「度」には、日本語の助詞「と」の意味はないのであって、これは「と」とひらがなで書くところを漢字であて字をしただけのことである。次に「仰付」の「仰」には、「あおぐ」という意味はあるが「いう」意味はないし、「付」には「あたえる」意味はあるが、「申しつける」の「つける」には該当しない。「申しつける」は多少通俗な中国語では、「吩咐(ふんぷ)」と書くべきところなのである。

また「被」は、訓読ではたしかに「らる」と読むが、これは受け身の表現なのである。日本語の「らる」には受け身以外の意味があるからといって、「被」まで受け身以外の意味に使うことはできない。次に「可」は通常「…できる」「…してよい」の意味に使われる語であり、命令形にも使われないことはないが、「きっと…せよ」という強い命令文には不適当である。最後に「事」は、日本語では「…すること」という表現が命令の意味をあらわすが、中国語にそのような表現はないから、「事」を使っても命令の意味は出せない。

このように「屹度可被仰付事」は、どこをとっても、漢文として理解できる点がない。わずかに「屹」が「山がけわしくそびえる」意味で、「峻厳に」という意味に展開する可能性があるから、むりをすれば日本語の「きっと」の意味に近いといいはることもできる程度である。

しかし日本人が日本人に読ませるために書いたのだから、意味が通じればよいのであって、漢文としてはおかしいと目くじら立てて騒ぐにも及ぶまい。ただ、漢字で書いてあるから中国人にも読めるはずだと安易に考えたとしたら、たいへんな誤解なのである。

現代のわれわれには、特殊な趣味を持つ人でないかぎり、漢文を書く機会はない。だから和臭のことを気にしながら文章を書く必要はないわけだが、漢文を読むときに和臭的な頭が働くことには、警戒しなければならないのである。漢文ばかりではなく、現代中国の新聞や壁新聞などを見るときにも、同じ注意が必要であろう。そこに書かれた文句には、われわれが日常使っている言葉と同じものがある。そして意味もまったく同じものもあることはあるのだが、そう考えるよりも、中国での意味はすこし違うのではないかとまず考えたほうが、安全なのである。

その一方、日本人の書いた漢文には和臭があることも、考えに入れておかなければならない。日本漢文を読もうとする人は、中国での意味にとらわれすぎるとかえって誤解をおかすことになるし、逆に日本漢文でこう書いてあるのだから同じ表現が漢文全般に通用するだろうと考えても、やはり誤解をおかすことになるのである。

3　訓読の方法

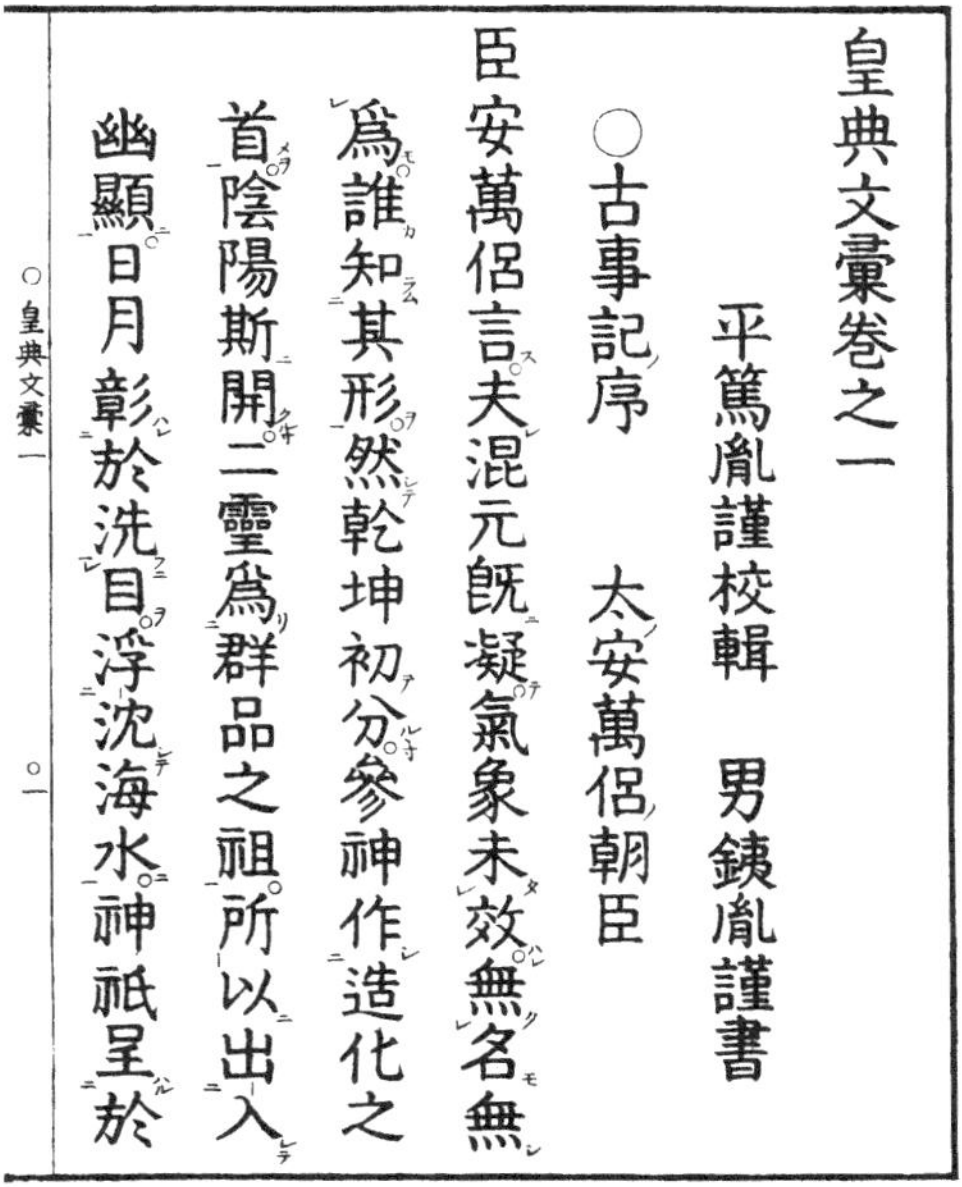
皇典文彙卷之一
平篤胤謹校輯　男銕胤謹書
○古事記序　太安萬侶朝臣
臣安萬侶言夫混元既凝氣象未效無名無
爲誰知其形然乾坤初分參神作造化之
首陰陽斯開二靈爲群品之祖所以出入
幽顯日月彰於洗目浮沈海水神祇呈於
○皇典文彙一　○一

『皇典文彙』の一節

〈1〉 音と訓

音は中国語の発音

漢文訓読は原文を中国語で読むわけではなく、日本語として読むのであるが、日本語で漢字を読むときには、音《おん》と訓の二種類がある。これは、いまさら説明するまでもないこととは思うが、念のために概略だけを書いておこう。

音《おん》とは、もともと中国語の発音だったものである。しかし中国語には日本語にない子音や母音があるので、そのまま日本語として発音することはできない。そこで中国語独特の子音・母音には、それに近い日本語の発音で代用させた。ちょうど英語のbatのaに相当する母音が日本語にないので、「バット」と発音してすませているようなものである。その結果、英語では発音に違いのあるbatとbutが、日本風の発音では同じになってしまった。漢字の音《おん》でも、たとえば「山」と「三」はどちらも「サン」だが、中国語では「サ」のところの子音が違う。「三」のほうは日本語の「サ」に近いが、「山」の子音は舌を上に捲いて上口蓋に押しつけ、息を押し出すように発音するもので、こんな子音は日本語にないから、「三」と同じ「サ」でまにあわせたのである。

訓はやまとことば

次に訓は、日本固有の「やまとことば」を漢字にあてはめたものである。漢字が輸入されたとき、一つの文字の意味と同じ意味を持つ「やまとことば」があったときには、それをその漢字にあてはめて、訓とした。また、はじめは訓としてあてはめられる「やまとことば」がなくても、あとからその漢字の訳語として定着したものがあったときには、それをも訓のうちに含める。

これも、英語と日本語の関係で説明したほうがわかりやすかろう。幕末から明治時代にかけて、英語が日本へはいって来たとき、たとえばcatは日本にも同じ動物がいたので、「ネコ・猫」という既成の日本語をすぐに訳語とすることができた。しかしkingには、同じものがこちらにない。そこで漢字を借りて、「王」と訳した。厳密にいえば、中国の「王」は漢代以後、皇帝の男子で皇太子以外の者、または国家に大功のあった人に授けられる称号であって、ヨーロッパのkingとは性質が違う。しかしkingに近い和語・漢語を探せば「王」ぐらいが最も適当だから、これを訳語とした。

ところがbaseballとなると、近い訳語を探すことも不可能である。そこで、はじめは原語のままに「ベースボール」といっていたが、やがて「野球」という訳語が作られ、一般化した。しかしgolfには、いまだに一般化した訳語がない。だから原語のまま（もちろん日本風の発音で）「ゴルフ」といっている。

この「キャット」「キング」「ベースボール」「ゴルフ」が音《おん》で、猫・王・野球などが訓なのだと思えばよい。すなわち「猫」は現代中国語ではmaoであるが、古くはそのmがbに近くbieuというように聞こえたので、日本では「ベウ→ビョウ」と発音することになった。これが音である。そして「ネコ」が訓になった。また、「王」はもとの発音がwangであるが、ngの語尾は日本語にないので、「ワウ→オウ」とした。そして訓には「キミ」があてはめられた。万葉時代には「オオキミ」を「大王」などと書いている。ところが、「キミ」は「君」の訓としても使われ、そちらが一般化したので、いまでは「君」を「キミ」と読む人はあっても、「王」を「キミ」とするのは、すくなくとも通常の読み方ではなくなっている。

訓にはこのように、一般的に用いられるものと、そうでないものとがある。ここで、ひとくちに訓といっても広い意味と狭い意味があることに注意しなければならないが、狭い意味とは、一般的に用いられるものに限定した場合をいい、広い意味とは、漢字にあてはめられた「やまとことば」による訳語をすべて訓と認める場合である。現在の漢和辞典は広い意味をとったものが多いようだが、これには問題がある。

訓読みのいろいろ

一つの漢字にあてはめられた訳語をすべて訓と認めてしまうと、特殊な場合に使われた訳語を、そのまま訓として一般化してしまうおそれがあるからである。たとえば「猿」の訓は「サル」である。現在では使われないが、古くは「マシラ」とも読まれていたから、これも訓と認めてよい。しかし、誰かがこの字に「エテ」というふりがなをつけたら、それも訓と認めてよいか。日本語で「エテ公」というのは、漢字で書けばたしかに「猿」である。しかし「猿」を「サル」でなくて「エテ」と読むのは、よほど特殊なケースであろう。

また、「哲」という漢字には、もともと訓がなかった。しかしこれに訳語をあてはめようとすれば、「サトシ」「アキラカ」などが該当するであろう。昔の訓読では、たしかにそう読んだ例がある。そして現在でも、人名としては「哲」を「サトシ」「アキラ」などと読ませることもある。つまりこれは、広い意味での訓には違いないのだが、どれだけ一般化しているかは問題であろう。すくなくともわれわれは、「あきらか」というとき、「明らか」とは書くが「哲らか」とは書かない。

ここでもう一度、英語の例を引こう。peopleという単語は、人々・人民・民衆など、いろいろな訳語があてはめられる。どれも誤りではないし、どれが最も一般的だともいえない。king＝王のような、固定した訳語はないのである。

「哲」も同じことなのであって、「サトシ」「アキラカ」などは、昔の人が「哲」をどう訳そうかといろいろ考えたあげくに出て来た言葉である。訳語として誤りではないが、「山」は誰が読んでも「ヤマ」というように一般化し、固定してはいない。だから「サトシ」「アキラカ」と同じような意味を持つ他の訳語をあてはめてもよいわけで、もしも恣意的な訳語をすべて訓として認めると、混乱のおこるおそれがある。もう一つ例をあげれば、「走」の訓は「ハシル」であって、同じ意味だから「カケル」と読んでもよさそうなものだが、それは「駆」または「翔」の訓になっているので、「走」の訓としては用いられない。だから、誰かが「走《か》けて行く」という表現を用いたとしても、まちがいとはいいきれないのだが、それゆえに「カケル」が「走」の訓だと認めるわけにはゆかない。

音と訓との見分け方

ところで、音と訓とはどうして見分けるか。絶対に確実な識別法はないのだが、一つのメドはある。中国語は単音節語といって、漢字一字は一つの母音しか持たない。したがって、それを日本語にうつした音《おん》も、原則として母音は一つである。もっとも、「両＝リャウ→リョウ」は、日本語では母音が二つあるようにも見えるが、もともとは liang であって、iang は複合母音と呼んで一つの母音と認める。したがって日本の音《おん》でも、「イヤウ→イヨウ」が一つの母音となるのである。また「国＝コク」も日本語では koku だから母音が二つあるようだが、これは中国語で「入声《につしよう》」と呼ばれる発音から来たもので、もとは kok である。日本語では k で終わる発音がないから、やむを得ず最後に母音 u を加えた。一般に中国語の入声は日本語の音《おん》にうつされたとき、歴史的かなづかいで書けばフ・ツ・ク・チ・キのどれかが語尾につく。「甲＝カフ→コウ」・「切＝セツ」・「国＝コク」・「八＝ハチ」・「力＝リキ」などであって、これだけが日本語の音《おん》にしたとき、母音が二つになる例外である。

そこで、たとえば「中」には「チュウ」と「ナカ」の二つの発音があるが、前者は母音が一つ、後者は二つだから、明らかに「チュウ」が音《おん》、「ナカ」が訓である。「魚」の「ギョ」と「サカナ」、「月」の「ゲツ」と「ツキ」も同じ例で、前のほうが音《おん》、あとが訓である。

ただし、これは一つの基準にすぎない。訓のほうも母音が一つであるとき、たとえば「矢」の「シ」と「ヤ」では、この方法では判別がつけられない。そのときは他の言葉を組みあわせて見るのが一法である。たとえば「一矢をむくいる」というときは「イッシ」と読み、「イツヤ」とは決して読まない。そこで「一」が「イッ」と音《おん》で読まれているのだから、下の「矢」も音《おん》で読むべきはずで、すなわち「シ」が音《おん》というこことになる。逆に「ただの一矢《ひとや》で射落とした」というときは、「ヒト」が訓なのだから、「ヤ」も訓だと判断がつく。

ただ、この方法には例外が多くて、万能ではない。しょせんは他の漢字の音《おん》・訓から類推して、こちらが音《おん》だろうと、カンをたよりに判別しなければならない場合もすくなくないのである。

「重箱」読みと「湯桶」読み

右の例でも明らかなように、二字の漢字から成る漢語は、二字とも音、または二字とも訓で、統一して読むのが原則である。「秋風」を「アキフウ」と読んでも、「雷雨」を「ライアメ」と読んでもおかしい。そう読んでも意味に違いが生ずるわけではないが、日本語の読み方としてはまちがいになる。

しかし、例外はある。「重箱」は音でそろえるなら「ジュウ（より正しくはチョウ）

ショウ」、訓でそろえるなら「カサネバコ」と読むべきであるが、実際は「ジュウバコ」と読む。このように上の字を音、下の字を訓で発音するのを「重箱読み」といって、「碁石《ごいし》」・「台所《だいどころ》」など、多くの例がある。

また、江戸時代には飲料の湯を入れておく漆《うるし》塗りの桶があって、「湯桶《ゆとう》」と呼ばれた。この発音は「重箱」とは逆に、上が訓、下が音である。これを「湯桶読み」といい、やはり「手本《てほん》」「消印《けしいん》」など、例が多い。湯桶読みと重箱読みとは音・訓の位置が逆になるわけだが、それほど厳密な区別をせずに、音と訓とを混用した読み方を湯桶読みまたは重箱読みの名称で一括して呼ぶことも多い。ただし近ごろでは、湯桶という器物が日常生活に縁遠くなったので、重箱読みのほうが広く通用しているようである。

重箱読みは、江戸時代では誤った読み方、すくなくとも音・訓の別を知らぬ無学な読み方と考えられることが多かった。ちょうど前に述べた「和臭」と同様に、避けるべきものとして嫌われたのである。しかし重箱読みをする言葉の大部分は、やはり前に述べた漢語風の和語なのであって、それに対して漢文の読み方の原則をおしつけるのは、無理がある。「ジュウバコ」も「ユトウ」もりっぱな日本語であり、漢字で書かれているからといって、漢文から干渉を受けるいわれはなかろう。ただ、重箱では認められても、同じ読み方を漢文の中に出て来る漢語に適用してかまわないという理窟は成り立たないのである。

さて、ここまでの叙述について、補足しておかなければならない注意すべき点が三つある。それを順番に説明しよう。

音だけのもの

第一に、われわれは日常使用する漢字については、特に考えこんだり、めんどうな判別法を使ったりせずとも、いちおう常識的に音・訓の区別がつけられる。だが、ときには常識ですまないところが出て来るのである。

たとえば、「馬」という字の音と訓は何か。たいがいの人は「バ」が音で「ウマ」が訓だと答えるだろう。ところが、「ウマ」も実は音《おん》なのである。「馬」の中国音はmaであるが、このmがひどく力を入れて発音されるので、しばしばbaに近くなる。そこで、一方では「バ」という音《おん》ができ、一方ではmに力を入れた発音をうつして「ムマ」という音《おん》を作ったのが、時代とともに変化して、いまでは「ウマ」となった。だから「競馬」という漢語のときは「バ」、「馬の足」のときは「ウマ」で、「ウマ」が訓のようにあつかわれていることはたしかだが、もとをただせば中国音をうつしているので、音《おん》の一種なのである。

mを子音とする漢字の音《おん》には、ときどきこのような現象がおこる。「梅」もmeiという中国音から「バイ」と「ムメ」の二つの音《おん》ができ、後者が「ウメ」となって、今では訓のように使われている。

訓の誤訳

第二に、訓は漢字の訳語にあたるのだが、kingと王との意味が厳密には一致しないように、漢字の持つ意味と訓の日本語の意味とは、完全に一致するとは限らない。たとえば「老」は、厳密には七十歳の老人（時代によって、この数字は五十五・六十などと変化するが）をいう。八十歳は「耄《ぼう》」（一説には七十歳以上）という。しかし日本語にはそんなに厳密な表現がないので、「老」は「オイル」、「耄」は「ボケル」と訓をつけた。「老耄」は「オイボレ」と読む。それがまちがいともいえないが、漢字の本義と完全には一致しない。だから「オイル」という訓のほうから「老」の意味を考えるのは順序が逆なのであって、しばしば誤解のもととなる。

また、訓にはときに誤訳がある。たとえば「柏」の訓は「カシワ」であるが、中国の「柏」は針葉樹であって、柏餅にする「カシワ」とは全く別の植物なのである。だから漢文を読んで「柏」という字が出たとき、「カシワ」という訓だからと、大きな葉の植物を考えたら、大きな誤解におちいることとなる。

動植物の名には、とかくこのようなことが多い。もう一つ例をあげると、「鮭」の訓は「サケ」である。現在ではこの訓が中国に逆輸入されて、塩ザケにするあの魚を「鮭」と中国人自身が書くこともあるが、この漢字は本来はフグのことであり、ときには魚料理の総称となる。すくなくとも古典的な中国の詩文の中に出て来る「鮭」はこの二つの意味のどちらかであって、どちらにしても、日ソ漁業交渉で議論のたねとなる「サケ」には縁がない。

音は原則として一つ

第三に、漢字には前に述べた和製漢字を除けば必ず音《おん》があり、しかもそれは原則として一つであるが、訓の数はまったく不定である。たとえば「象」には音はあるが、訓はない。すなわち訓の数はゼロである。日本にも太古にはマンモスがいたそうだが、日本人が文化を持つようになってから象が棲息しているのを見たという記録はない。したがって「象」に訓のつけようがなかったのであろう。

これに対して「生」には、「イキル」・「ウマレル」・「ナマ」・「キ」など、たくさんの訓がある。これらの訓はすべて意味が違うわけで、中国語ではすべて「生」で表現してしまうのを日本語ではこまかくいいわけているから、いいわけた意味の数だけ訓がつけられることになる。

しかし訓の数は意味の数に対応するとも限らない。「猿」に「マシラ」と「サル」の訓があるのは、意味が違うからではなく、古い日本語と比較的新しい日本語とが訓として共存しているためである。このようなわけで、訓の中には日本人が漢字文化を吸収した歴史および日本語自体の歴史の痕跡の残っている場合がすくなくない。

これで三つの補足は終わったが、第三のはじめに、私は漢字の音《おん》が原則として一つだと書いた。ここから、また別の問題が発生する。

〈2〉　漢音・呉音・唐宋音

音の種類

実際には、音《おん》は一つどころか、二つも三つもあることがある。げんに「音」には音楽の「オン」、母音の「イン」という二つの音《おん》があり、「行」には旅行の「コウ（カウ）」・修行の「ギョウ（ギャウ）」、行燈《あんどん》の「アン」と、三つの音がある。

これがいわゆる漢音・呉音・唐宋音の区別であることは、説明するまでもあるまい。「イン」・「カウ」は漢音、「オン」・「ギャウ」は呉音、「アン」は唐宋音である。呉音とは比較的早く日本にはいって来た、主として江南地方の方言であり、漢音はそのあとから輸入された、長安を中心とする北方方言であり、そして唐宋音はいちばん遅れてはいった発音である。

つまり漢音・呉音・唐宋音の区別は、時代と地方によって中国語の発音が違っているのをそのままに輸入し、日本風に発音したものであった。だから、たとえば「音」の「オン」と「イン」とは、主として方言の差なのであって、標準語の普及しない昔のことだから、北方の中国人は「イン」に近い発音、江南の中国人は「オン」に近い発音で「音」を読んでいたのであり、一人の人物が「音」を二通りの発音に読み分けていたわけではない。そして「オン」でも「イン」でも、「音」の文字が持つ意味については、同じことを考えていたのである。

したがって「音」を「オン」と読もうと「イン」と読もうと、意味に差が生ずることはない。「音楽」「母音」の「音」は、どちらも「おと」という基本的な意味に変わりがないのである。だがこれは理論上の話であって、日本語では現実に、漢音・呉音・唐宋音のどれかで読むことに習慣上固定されている場合が、非常に多い。「音楽」

は「インガク」と読んでも、理論的には意味に違いが生じないのだが、そう読んではおかしい、というよりも、誤りとされる。この漢語には「オンガク」という読み方が固定していて、それ以外の読み方は許容されないのである。

輸入の歴史による読みかた

その固定のしかたは、日本人が中国の発音を輸入した歴史にかかわっていることがすくなくない。総じて呉音の輸入のほうが古かったので、呉音読みが一般的だったのが、遣唐使が往復するようになって漢音が流れこみ、知識人の間には意識的に漢音読みへと転換しようとする動きが起こった。その結果、しだいに漢音読みのほうが一般化したのであるが、そのころまでに呉音読みが強く固定していたもの、または伝統を守る立場から呉音読みを固執する人々の間では、従来の読み方が残された。

呉音読みが強く固定していた代表的なものは、中国の書名・人名である。たとえば『礼記』という本があって、儒教の経書《けいしょ》の一つとして重要なものとされるが、漢音で「レイキ」とは読まずに、呉音で「ライキ」と読む（「記」は漢・呉音ともに「キ」と読む）。また後漢の有名な学者に鄭玄という人があるが、これも漢音ならば「テイゲン」であるが、通常は呉音で「ジョウ（ヂャウ）ゲン」と読む。

呉音読みの伝統を維持したのは、仏教徒である。経文の読み方は呉音に統一されていたので、それを漢音に切りかえては、仏法の伝統が失われるという感覚があったのであろう。だから「法華経」は「ホ（ホフ）ケキョウ（キャウ）」と呉音で読むことに現在でもきまっていて、「ホウ（ハフ）カ（クヮ）ケイ」と漢音で読んではおかしい。「阿弥陀《あみだ》」も呉音で、漢音ならば、「アビタ」と読むべきところである。もっともある宗派の一部には経文を漢音で読む風習もあるそうだし、禅宗には五山の僧たちが宋へ渡って学んだ痕跡として唐宋音を用いる場合（行脚《あんぎゃ》など）もあるが、それは少数の例外である。

要するに漢音は、呉音がいちおう普及したのちにはいって来たのであって、呉音にとってかわる地位を占めるようになったが、完全に呉音をおしのけることはできなかった。たとえば「南《なん》」は呉音で漢音ならば「ダン」、「語《ご》」は呉音で漢音は「ギョ」であるが、どちらも漢音が使われるケースはまったくないといってよかろう。

日本語の習慣による読みかた

したがって、一つの漢字を漢音・呉音・唐宋音のどれで読むかは、日本語としての習慣というだけで、理窟があるわけではないのである。ただし、その習慣も必ずしも固定していないものがあって、たとえば「西方」を「セイホウ（ハウ）」と漢音で読もうと、「サイホウ（ハウ）」と呉音で読もうと、どちらも誤りとはいえない。

常識的には、前に書いた重箱読みの問題と同様に、二字以上の漢字から成る漢語は、漢音・呉音・唐宋音のどれか一つに統一して読むのが穏当である。だがこれも、統一しない読み方が固定してしまえば、それを誤りだとすることがむずかしくなる。たとえば「施工」は漢音で統一すれば「シコウ」、呉音なら「セク」になるわけだが、近ごろでは「セコウ」と読むことが多いようである。呉音と漢音をつきまぜた妙な読み方だが、そう読んではいけないという根拠は、どこにもない。そして建設工事にたずさわる人々が「セコウ」といっているうちに、この読み方が固定して、りっぱな日本語として通用するようになって来たのである。

発音が違えば意味が違う

さて、前にあげた「音楽」にもどろう。これを「オンガク」と読んでも「インガク」としても、もとの漢語の意味は変わらないと書いた。それならば、「楽」にも「ガク」と「ラク」があるのだから、「オンラク」と読んでいいかというと、それはいけない。ここから、また次のめんどうな問題が始まるのである。

「楽」に「ガク」と「ラク」の音《おん》があるのは、漢音・呉音の問題ではない。もともと、中国語では原則として、一つの漢字に対して一つの発音がある。漢音にせよ呉音にせよ、この原則は動かない。ところがその原則からはずれるものとして、一つの漢字に対して二つの発音のあるものがあり、その場合は発音の違いが意味の違いになる。「楽」もその一例なのであって、「ガク」と発音したときは音楽、「ラク」と発音したときはたのしい・たのしむなどといった意味になる。これは現代中国語においても存在する区別で、現代の発音では「ガク」にあたるのはyue、「ラク」はle（このeは発音記号で書けば〈ə〉に近い）である。

だから、「楽器」・「声楽」などと、音楽に関係した語の「楽」はすべて「ガク」であり、「安楽」・「歓楽」など、「たのしい」意味の「楽」は全部「ラク」と読む。これは習慣の問題ではなく、そう読まなければ意味が違って、誤りになってしまうのである。

もう一度、整理しておこう。「音楽」の「音」を「イン」と読むか「オン」と読むかは、この漢字の意味とは関係がない。だから「オンガク」と読まなければならないというのは、日本で固定した習慣である。しかし「楽」のほうは、「ガク」と読むか「ラク」とするかでは、意味が違ってくる。だから「オンラク」と読むことは、漢字本来の意味から許されない。そう読んだ場合には、むりに解釈すれば「音《おと》の楽しみ」「音《おと》が楽しい」などという意味になって、「オンガク」の意味にはならないのである。「楽」と同じ例は、われわれが通常使う漢字の中にもいくつか発見できる。たとえば「易」には「かわる」・「かえる」という意味と「やさしい」という意味とがあり、前者は「エキ」、後者は「イ」と発音する。だから「貿易」、「交易」の「易」は「エキ」であり、「容易」の「易」は「イ」であって、これを入れかえて使うことは許されない。

しかし、日本語の音《おん》としては、「エキ」と「イ」の違いが意味の差なのか、それとも漢音・呉音の違いなのか、外形からでは判断しにくい。それだけではなく、日本語の音《おん》では意味の違いを漢音・呉音の使い分けで示す場合がある。たとえば「象」は漢音「ショウ(シャウ)」、呉音「ゾウ(ザウ)」なのだが、この漢字には一方で、「かたち」という意味と動物のゾウの意味とがある。そこで日本語としては、「かたち」の意味のとき、たとえば「抽象」「現象」などの場合には漢音で読み、動物のときには呉音で読む風習が固定した。

ただ、これはあくまでも日本でできた風習なのであり、もとの中国語において発音による意味の差があったわけではない。だから「抽象」を「チュウゾウ」と読んだとところで、日本語の読み方としては誤りになるけれども、そのときの「象」がelephantの意味に変わるということはないのである。その証拠に、「象」と同じく「かたち」の意味を持つ「像」は、やはり漢音「ショウ（シャウ）」、呉音「ゾウ（ザウ）」であるが、こちらは「現像」「画像」などと、「ゾウ」と読む。つまり「ショウ」・「ゾウ」のどちらかの発音が、「かたち」という意味と結びつく必然性を持っているわけではない。

「四声」の使い分けで意味が違う

もう一つ、注意すべきことがある。中国語の発音には「四声」という高低のアクセントの種類があるのだが、日本語にはそれに該当するものがない。たとえば「離」・「里」・「利」の三字は、日本の音《おん》では全部「リ」と同音になってしまうが、中国語では「離」は同じ高さで平らに引き伸ばした発音のliであり、「里」のliは一度下がってからまた上がるVの形の発音、「利」のliは高い位置から急速に下がる発音と、それぞれに発音のしかたが違う。だから中国語を聞けば、この区別はわかるようになっているのだが、日本語としての音《おん》では区別がつかない。

ところで、中国語では一つの漢字が四声の使い分けによって意味に差を持つことがある。ちょうど日本語で「ハシ」がアクセントの違いにより、「橋」・「箸」・「端」などに使い分けられるようなものである。たとえば「飲」の発音は yin であるが、これを「離」と同様に平らに発音したときは「飲む」または「飲料」の意味、「利」と同様に急速に低く下がる発音をしたときは「飲ませる」意味になる。だから「飲酒」の「飲」は前者の発音であるが、「飲馬」といったときには「馬を飲みこむ」わけではなく、「馬に水をやる」という意味なので、この「飲」は後者の発音になる。

こうしたアクセントの差は、日本語に移植することは不可能であった。したがって「インシュ」も「インバ」も、日本語の音《おん》としては区別がつかない。そこで「飲」には文字も発音も同じでありながら「飲む」と「飲ませる」との二つの意味があるのはどうしたことかと不審を持つことになるのだが、これは日本語の「ハシ」を同じアクセントで発音しておいて、同音でありながら「橋」と「箸」の意味があるのはわかりにくいと文句を言うのと同じことなのである。

さて、以上が漢字の音と訓についての、ごく一般的な基礎知識である。漢文を読むときには、この音と訓とを適宜に併用しながら読む。それはまったく「適宜に」としか言いようがないのであって、前にあげた、

水村山郭酒旗風

は、「スイソンサンカクシュキノカゼ」と読むのが普通であるが、もっと訓の部分をふやして「ミズノムラヤマノサトサカハタノカゼ」と読んでも、訓をやめにして「スイソンサンカクシュキノフウ」と読んでも、理論的にはかまわない。それは音訓の違いだけで、意味に変わりがあるわけではないからである。ほんとうは、このように日本語として読んだとき、そのままで意味がわかるくらいにやさしくなっていればよいのだが、現実にはそれは不可能である。とすれば、次には日本文としての調子のよさが問題になる。ことに詩の場合は、口調《くちょう》よく読めることが望ましい。

だから音と訓とをどのように併用するかは、極端に言えば読む人の好みしだいでどのようにもなるのだが、口調のよさという点で、自然に一つの傾向が定まる。また、古くから読まれてきた漢文には、やはり習慣として一つの読み方が固定している。それをぜひとも守らなければならない義理はないのだが、といって革命的な新しい読み方を提出するのも困難な仕事なのである。

〈3〉　送りがな

日本語として意味のとれるように

漢字ばかりで書かれた原文を日本語の音と訓で読んだだけでは、訓読法はまだ成立しない。くどいようだが、もう一度同じ例文をあげよう。

水村山郭酒旗風

これを「スイソンサンカクシュキフウ」と読んでも、いちおう日本語で読んだことにはなる。だが、それではなんのことやら意味がわからない。意味がわからない読み方をしても無意味だから、もう少し細工をする必要がある。

そこで、これを「スイソンサンカクシュキノカゼ」と読む。こうすれば、まぎれもない日本語の文である。日本文として通常の書き方に直せば、

水村山郭酒旗の風

となるわけで、見た目には原文よりも「の」の一字が多くなったにすぎない。しかし

この一字の差が決定的な条件を生み出すのであって、こう書いてある以上、もはや中国語で読むことはできない。原文のままならば、shui-cun shan-guo jiu-qi fengと中国語で読もうと、「スイソンサンカクシュキノカゼ」と日本語で読もうと、どちらにでも選択の余地があったのである。

「水村」は、もっと和語らしくすれば「水辺《みずべ》の村」となるだろう。「山郭」は「やまざと」である。だが、「水村」「山郭」と書いても、日本語として不自然だとか、意味が通じないとかいうことはない。つまり、このまま日本語として通用させることができる。そして「水村山郭」は、ここでは「水村にも山郭にも」の意味だが、「水村山郭」と省略した書き方をしても、いくらかわかりにくいだけのことで、やはり日本語として通用しない表現ではない。

「酒旗」「風」についても、同様である。ところが「酒旗《しゆき》風《ふう》」となると、事情が違ってくる。「春風」「秋風」「涼風」ならば、日本語としてそのまま通用する。しかし「酒旗風」というのは、日本語としては妙な表現だし、意味も通じない。ここには何かの操作が必要である。

そこで「酒旗」と「風」との間に「の」の一字を補って、「酒旗の風」と読む。これで意味がわかるようになったかどうかは問題なのであって、そのことはあとで書くが、ともかく「酒旗風《しゆきふう》」よりも「酒旗《しゆき》の風《かぜ》」と読んだほうが、はるかに日本語らしい。だから漢文としては、そう読まなければならない。

漢文として読むために補うもの

つまり、前にも書いたように、中国語には日本語の助詞にあたるものがないのが文法上の大きな相違点になっていて、日本語として読むときには、どうしても助詞を補わなければならないのである。「の」ばかりではない。たとえば「あちらとこちらと」というときに、古典中国語では、「彼此」と書く。「彼」が「あちら」、「此」が「こちら」に該当するわけだが、二つの「と」にあたるものがない。この場合、助字を使って「彼与此」と書くこともできるので、その「与」が日本語の「と」に該当することになるが、だからといって「与」を品詞分類上の助詞とは呼べないことは、前に書いたとおりである。それに「与」は、あれば意味がはっきりするが、絶対になければならぬというものではない。

漢文で読むときに補う必要があるのは、助詞ばかりではない。たとえば「風吹」は「風が吹く」という意味である。「風吹《ふうすい》」では意味が通じないから、「風が吹く」と読まなければならない。ここでも助詞「が」を補うことになるが、この文字は省略することも可能であろう。つまり「風吹く《かぜふ》」と読むわけで、これでもりっぱな日本文である。そこで、どうしても補う必要があるのは「く」の一字ということになる。

あるいは、「風吹」の原文を前後の関係で過去形に理解しなければならないこともあるだろう。すなわち「風が吹いた」、古い日本語ならば「風吹けり」「風吹きぬ」などと読むことになる。すると、「いた」「けり」「きぬ」などと、助動詞をも含めて補わなければならない。

つまり中国語には、日本語の動詞・形容詞の活用語尾にあたるものもなければ、英語のテンスにあたるものもない。だから活用語尾を補う必要があるのは当然であり、場合によってはテンスを示す助動詞をも加えて補う必要がおこるのである。

このように、日本語として読むときに補わなければならないのは助詞・助動詞、それから動詞・形容詞などの活用語尾であって、文字で書けば全部「かな」であらわされる。そこで、漢字ばかりの原文にこれらの「かな」を書き添えれば、原文をそのまま日本語で読むことが可能になる。これが「送りがな」である。

送りがなの位置

送りがなを書き添える位置はどこでもよさそうなものだが、各人が勝手な方法をとっていたのでは混乱がおこる。そこで、送るべき漢字の右下にカタカナで小さく書くこととときめられている（なぜカタカナで書くかは、あとで説明しよう）。だから初めの例では、

水村山郭酒旗ノ風

となる。「ノ」という小さな一字があるために、この文は漢文として読むことになるわけである。もっとも、これでも「…シュキノカゼ」と読むか「…シュキノフウ」と読むかは示されていない。しかしここの「風」は、音《おん》で読もうと訓で読もうと意味に変わりはない。結局、読まれた日本語が耳で聞いたときにわかりやすいように、または口調がよいように、あるいは読む人の好みによって、音・訓のどちらかを選べばよい。もし、どうしても「カゼ」と読ませたいなら、「風」の字に「かぜ」とふりがなをつけて明示する。現在では、ふりがなは送りがなとまぎれるのを避けて、ひらがなで書くのが通例である。

送りがなは、少なく簡潔に

しかし以上の説明では、まだ説明し尽くされていない部分がある。

水村山郭酒旗風→水村山郭酒旗の風

これで、たしかに訓読はできた。訓読ができたということは、その文の意味がわかった、少なくとも大体のところは把握できたことになるはずである。だが、はたしてそういいきれるだろうか。

「水村」と「山郭」は、まずよかろう。問題は「酒旗の風」にある。この言葉は、なんとなくわかったような感じはするのだが、「春の風」「南の風」などというほどには、意味が明瞭でない。

厳密にいえば、「酒旗風」とは「酒旗が風をふくんでいる」ないしは「酒旗に吹く風」「酒旗をそよがせる風」といった意味になる。その意味を正確に出そうとするならば、「酒旗をそよがしむる風」とでも読まなければなるまい。つまり「酒旗」の右下に」「ヲソヨガシムル」という送りがながつくわけである。

やはりあとの章で説明するつもりだが、昔はたしかに、そのような読み方をした時代もあった。しかし現在の漢文では、送りがなはなるべく少なく、簡潔にするのが通則となっている。「ヲソヨガシムル」などは、中国語と日本語との文法上の差を埋めるだけではなくて、意味の補足という性格を持つわけで、そこまで立ち入って長々とした送りがなをつけることはしないのが、現在の漢文における一般的な習慣である。

この結果、送りがなが少なくて簡潔ではあるが、そのかわり意味がアイマイになるという傾向が生じた。「酒旗の風」などという読み方は、簡潔で口調《くちよう》もよいし、原文の意味を誤解しているというほどではないが、一方で多少のアイマイさを持つことはたしかである。詩の場合には、アイマイな読み方がかえって効果を出すこともあろう。しかし論理的な散文になると、このアイマイさが誤解を生んだり解釈上の紛糾のもととなったりすることが少なくはない。

意味のアイマイさをなくすために

ところで、送りがなは意味の補足に立ち入らないと書いたが、そうとばかりはいっていられない場合がある。たとえば、

或告曰、「……」

まず「或」の一字を省略して考えよう。そうするとこの文は「……と告げた」という意味になるから、

（或）告《ゲテ》曰《ク》、「……」《ト》

と送りがなをつければよいわけだが、ここでめんどうなのが「或」の一字である。

この字の一般的な訓は「ある」である。しかし、こうした意味の「ある」は、日本語では独立して用いられない。「ある時」「ある人」「ある所」、さらには「ある青年」「ある村」などと、何か限定する語を下につけて、はじめて意味のある一語を構成する。最も無限定なのは、「あるいは」と読んだ場合である。

そこで、原文を「あるいは告げて曰く…」と読んでもよいが、それでは無限定なために、意味が漠然としすぎる。原文の「或」は、前後の文脈によって意味が限定されるわけだが、まず常識的には「或」を主語として、「ある人が…と告げた」の意味になるか、または主語が省略されていて、「（誰それが）ある時…と告げた」の意味になるか、二つのうちのどちらかである。

逆にいえば、原文は二つの「ある」のうちのどちらにも読める。それは原文に「人」とも「時」とも、指示する文字がないからである。中国文としてはそれが普通なので、「人」か「時」かは文脈によって判定する。しかし日本文では、そのままでは文にならない。

そこで、訓読では「或」に「人」・「時」を送ることになる。もっとも、「人」などと書き入れたのでは、送りがなではなくて送り漢字になってしまう。昔は漢字を送ったこともあるが、原文の漢字とまぎらわしくなるので、

　　或《ヒト》告《ゲテ》曰《ク》、「……」
　　或《トキ》告《ゲテ》曰《ク》、「……」

と書くのが通例になった。ただし現在の漢文教科書では、現代日本文の送りがな法に近づけようとする配慮があるので、「或ルヒト」・「或ルトキ」など、「ル」から送ったものが多いはずである。しかし本来は、「或」に「ヒト」と送ってあれば、「あるひと」以外の読み方は成立しないのだから、「ル」をも送りがなとするのは、絶対に必要な条件ではない。

ともかく送りがなには、「ヒト」「トキ」「トコロ」など、原文にはないが日本文としては必要な単語を補う場合がある。これは前に述べた送りがなを簡潔にする原則と矛盾するわけだが、要するに日本文としては意味をなさなくなってしまうようなとき（「ある告げて曰く」では意味をなさない）、必要な最小限の語を補うのである。だから、かりに「或告曰…」の「或」が人を意味し、しかも前後の文脈から老人であると明白

にわかったとしても、「或《ルロウジン》告《ゲテ》曰《ク》……」と送りがなをつけるのは、誤りとはいえないが常識的ではない。やはりそのときにも「或《ルヒト》……」と、多少のアイマイさはあっても簡潔な送りがなにするのが習慣となっている。

漢字の読み方を規定する

ところで、「或ルヒト」と送りがなをつけても「或ルトキ」としても、「或」の読み方には相違がない。つまりこの場合の送りがなは、意味を補足したものではあるが、別の見方をすれば「或」の意味内容を規定し明瞭にしたものともいえよう。だが送りがなにはもう一つ、漢字の読み方を規定する（それが意味を規定することにもなる場合はあるが）という機能がある。次の例文を見てほしい。

白雲忽起

ここでも、まず「忽」を省略して考えよう。すると「白雲がわきおこる（または、おこった）」という意味だから、「起」に「ル」という送りがなをつけなければならない。

次に「忽」は「とつぜんに」「にわかに」という意味を持ち、音《おん》は「コツ」、訓は

「たちまち」である。そこで原文は「白雲忽《こつ》として起る」または「白雲たちまち起る」の、どちらかの読み方になる。「忽」を音で読むか訓で読むかの違いだけなのだから、どちらにしても意味に変わりはない。

「忽として」の読み方を採用するときは、「トシテ」を送りがなにすればよい。だが、「たちまち」のときにはどうなるか。

　白雲忽起ル

「忽」は「たちまち」なのだから、理窟の上ではこれでよいことになる。しかし、このままでは「白雲忽《こつ》起る」と読む人が出るかもしれない。それを防ぐには「忽」に「たちまち」とふりがなをつけてもよいが、「忽」などという字は何回も出てくるものだから、一々ふりがなをつけたのでは、煩雑でしかたがない。そこで、最も簡便な方法は、

　白雲忽チ起ル

とすることである。「チ」が最後につく「忽」の読み方は、通常は「たちまち」しか考えられないから、こう送りがなをつけておけば「たちまち」という訓を指示したこ

となる。

日本文として読んだとき副詞になる言葉には、とくにこのような例が多い。「梅花半開」という原文を「梅花半《なか》ば開く」と読むときには、

梅花半開《バク》

と送りがなをつける。つまり「忽」に「チ」、「半」に「バ」を送るのは、中国語にはない品詞や用言の活用語尾を補足するとか、もとの漢字の意味を規定するという問題ではなくて、これによって漢字の読み方を規定する目的を持つのである。

だから古い時代の送りがなには、ふりがなの簡略化と見てよいものがある。たとえば「雷音」を「かみなりのおと」と読ませたいとき、ふつうならば、

雷音《ノ》

とすればよい。しかし、これを「らいのおん」と読むのはあまり常識的でないが、「らいのおと」「かみなりのおん」と読む可能性はある。どうしてもそれを防止したければ、現在では漢字にふりがなをつけることになるが、昔は、

雷音《リノト》

とすることがあった。「雷」も「音」も名詞なのだから、送りがなはつけるほうがおかしい。しかし、こうしておけば読み方は一つに固定されるわけで、つまりこの「リ」や「ト」は、カタカナでついているから送りがなともいえるし、ふりがなの簡略化ともいえるわけである。同様に、前に述べた「易」には「エキ＝かわる」「イ＝やさしい」の二つの音《おん》があるが、「かわる」意味のときに「易《キ》」とすることがある。これは読み方と同時に意味をも規定したことになる。

現代日本文の「送りがな」との相違

現在、われわれがふつうに「送りがな」と呼んでいるのは、用言の活用語尾と、動詞・形容詞・形容動詞を名詞化したときとが主要な対象であろう。たとえば、

君の考えは新しい

と書いたとき、「の」と「は」は、かなには違いないが通常は「送りがな」といわない。「考え」は名詞であって、名詞は「山」「花」などと、送りがなをつけないのが通

例なのだが、この場合は動詞が名詞化されているのだから、「考《かんがえ》」とは書かずに「考え」とする。すなわち「え」は送りがなである。また、「新しい」は形容詞だから、当然「しい」という送りがなを必要とする。

少々めんどうなのが副詞の場合で、たとえば「必《かなら》ず行こう」と書くとき、「かならず」と全部ひらがなにしてしまえば問題はないが、漢字を使おうとすれば「必行こう」では読む人が困るので、送りがなをつけなければならない。ただ副詞には語根と語尾の区別がないから、「新しく」のように形容詞からの類推がきくものは別だが、「必ず」と書いても「必らず」としても、どちらでもさしつかえはない。

つまり現代の日本文では、どこからかなを送るか、たとえば「隣《となり》」か「隣り」か、「新しい」か「新らしい」かは問題になるけれども、「り」「しい」「らしい」が送りがなであることには、問題がない。送りがなの定義は、大体はっきりしていると認めてよかろう。

しかし漢文の送りがなは、これまで述べたように、もっと範囲が広い。したがってわれわれが日常使っている「送りがな」の意味で漢文の送りがなを考えては、誤りになる。この混同を避けるために、漢文の送りがなは古くは「添えがな」「捨てがな」ともいわれたことがあるので、それらの名称を使うことによって現代日本文の「送りがな」と区別しようという意見もあるが、漢文で永年用いられてきた送りがなという術語を、そう簡単に棄て去ることはできない。少なくとも現在のところでは、「送りがな」には漢文で用いられる場合と現代日本文のときと、二通りの意味があるということを認識して使い分けるほかはないのである。

〈4〉 返り点

日本語と中国語では言葉の順序が違う

たびたび同じ例文を出すので気がひけるが、

水村山郭酒旗風

は、「ノ」というカタカナを一字つけただけで、漢文として読むことができる。あとは上から漢字を順々に読んで行けば、少なくとも大体の意味はつかめるだろう。漢文が全部この調子で読めれば楽なものだが、あいにくと、そうはいかない。どこがそうはいかないのか、まず簡単な例から説明を始めよう。

「洗面」「洗顔」は、われわれが日常使っている言葉である。「顔を洗う」ことなのだから、そこからひらがなの「を」と「う」を取りはらって「面洗」「顔洗」とすればよさそうなものだが、そんな言葉はない（もっとも、昔の日本陸軍では「面洗場《めんせんば》」といった。なぜわざわざヒネクレた言葉を作りあげたのか、私は知らない）。

一方、「手《て》洗《あら》い」という言葉がある。これは「洗い手」とはいわない。このような違いが生じたのは、べつに顔と手で扱いが違うわけではなく、「洗面」「洗顔」が漢語（もっとも和製漢語の臭いが強いのだが、ここではいちおう漢語としておこう）であるのに対し、「手洗い」は漢字を訓で読んでいる、つまり和語だからである。

日本語で「手を洗う」「顔を洗う」というのを、中国語で表現すれば「洗手」「洗面」となる。意味は同じでも、言葉の順序が違うのである。これを文法的にいえば、日本語は目的語が動詞の上にあるが、中国語では目的語が動詞の下につく、ということになる。

また、「登山」という言葉がある。山に登る意味だが、「山登」とはいわない。しかし、同じ意味を和語で表現すれば「山登《やまのぼ》り」となって、やはり「山」が上に来る。この場合の「山」は補語だが、目的語と同様、日本語では動詞の上に、中国語では動詞の下につくのである。

認定構造

それから、「有罪」「無罪」という言葉がある。「罪がある」「罪がない」という意味だが、やはり「罪有」「罪無」とはならない。

このことを文法的に説明しようとすると、少々めんどうなことになる。「罪がある」「罪がない」は、日本文としては主語＋述語の構造になっている。それならば中国文は述語が主語の上に来るのかというと、そうではない。「日が出る」は漢語でも「日出」であって、主語が上、述語が下という構造は、日本語も中国語も変わりがないのである。

それでは、なぜ「罪がある」のときには、「罪」が下に来るのか。中国語には「…がある」「…できる」「…が多い」「…がない」「…でない」「…しない」などという文のときは、「…」にあたる部分が下につくという性質があるからである。近ごろの中国文法学では、これらを「認定構造」と名づけて一括する人が多い。

だから、「鉄でない金属」を「非鉄金属」といい、「信用しない」ことを「不信」という。これだけを見れば、中国語では否定を示す言葉が前に来る、ちょうど英語と同じ形だともいえようが、「…がある」のような肯定文についても同じ構造なのだから、否定の場合だけを考えては十分でないのである。

ほかにも、こまかい点をあげればまだいくつかのケースはあるが、重要なのは右の三点である。このように中国語と日本語で言葉の順序、すなわち「語順」に相違がある以上、漢文として読むには何かの操作を施さなければならない。そこで考案されたのが、「返り点」である。

一例――李白の詩の一句

さて、また有名な詩句の中から例をとってみよう。唐代の詩人李白が若いころ、はじめて郷里を離れて旅に出たとき、船の中で作った詩の一句である。

思君不見下渝州

まず言葉の説明をしておこう。「君」が何者をさすのかという点でいろいろな説があるが、ここでは解釈の問題に深入りしない。ともかく「君」は二人称代名詞に違いないのだから、単に「あなた」と解釈しておこう。「渝州《ゆしゅう》」は地名で、今の四川省重慶であるが、地理の問題にも深入りせずにおこう。ともかく李白の乗った船が第一の目的地とした町だと考えておけばよい。

そこで、一句の意味は「私はあなたのことを思っているのだが、あなたの姿は見えない。見えないままに、私の船は渝州へと下って行く」ということになる。中国人は右の一句を上から si jun bu-jian xia yu-zhou と読んで、このような意味に理解する。

ところがこれを漢文で読もうとすると、「水村山郭酒旗風」のような簡単なことではすまない。それでも、まず送りがなから考えてみよう。

「思君」は「あなたを思う」という意味だから、「君」の送りがなに「ヲ」が必要である。「思」も動詞だから活用語尾の「フ」（送りがなは伝統的なものなので、現在でも歴史的かなづかいを用いるのが通例である）を送るところだが、ここでは「君を思うのだが……」と下へつながるので、終止形ではまずい。ここの送りがなは多少意味を補足する語を加えて、「思へドモ」としなければならない。

次に「不見」は「見ず」と読んでもよいが、「見えず」としたほうがより正確であろう。それならば「見」に送りがな「エ」が必要である。「不」はこの字を「ず」と読むことにするので、送りがなはいらない。

「下渝州」は「渝州へと下《くだ》る」と読むところだが、送りがなは簡潔にという原則に従って、近ごろの漢文では「渝州に下る」と読むほうが多い。それならば「州」の下に「ニ」、「下」の下に「ル」を送りがなとしてつけることになる。

さて、このように送りがなをつけた原文は、どうなるか。

思《ヘドモ》　君《ヲ》不見《エ》下《ル》渝州《ニ》

送りがなはついたが、まだ漢文として読むことはできない。このままでは、

思へども君を　ず　見え　下る　渝州に

となって、全然意味が通じない。中国語の語順を日本語に修正する操作が施されていないからである。

「レ点」

そこでまた、はじめにもどろう。まず「思君」は、日本語としてはどうしても「君」のほうを先に読まなければならない。そこで「思」と「君」の間の左側に「レ」の印をつけ、「思《ヘドモ》レ君《ヲ》」とする。右側は送りがなに占領されているから、あいている左側を使うのである。こうしてあれば、読む人はまず「思」を見ると同時に左下の「レ」に目をとめて、この字を読むのはあとまわしだぞと知らされる。そして「レ」はその下にある「君」のほうを先に読めというサインにもなるので、サインどおりに読めば、「君を思へども」という日本文が得られる。

「不見」は認定構造だから、「見」を先に読まなければならない。ここのサインも、前と同様であって、「不レ見エ」とする。これで「不」を先に読んだら、そのときは読むほうが悪いのである。

このような「レ」のマークを、「レ点」または「かりがね点」と呼ぶ。カタカナの「レ」の形に似ており、また雁の飛ぶ姿の略図のようにも見えるからである。レ点は漢文一字と一字との間で語順を逆転させることを指示するときに用いられるのであって、「AレB」とあれば、(A・Bはそれぞれ漢文一字をあらわす)、送りがなを含めて「BA」と読むことになるわけである。

「一二点」

次に「下渝州」は動詞+補語の構造だから、やはり語順を逆転させて、「渝州」を先に読まなければならない。だがここでは、レ点は使えないのである。かりに「下レル渝州ニ」としてみよう。このサインどおりに読めば、「渝下る州に」となってしまう。それを避けるためには、「下レル渝-州ニ」とする方法がある。「渝」と「州」の間のハイフンに似た線が二字の緊密な結びつきを指示していて、「渝下る」という読み方を許さず、どうしても「渝州」をひとかたまりに読んで、それから「下」へもどれと命令するわけである。この方法は昔はしばしば使われたものだが、複雑な構文になると混乱をおこす恐れもあり、現在では用いられない。

現在ではこのような場合、「下ル㆓渝州ニ㆒」とする。こうしてあれば、「下」の下についた「二」のマークがこの字を二番目にまわせと指示する。その下の「渝」には何もついていないから、まずそれを読む。次に「州」を読んだとき、「一」のマークにぶつかるので、ここから保留しておいた「二」のマークの上の字、すなわち「下」へともどる。これで「渝州に下る」と読めたわけである。

このような返り点を「一二点」と呼ぶ。一二点は「渝州」のように二字またはそれ以上の語をまとめて上へと逆転させるときに使われるもので、「A㆓BC㆒」とあれば、「BCA」と読むことになる。また一二点は、一と二だけには限らない。場合によっては一、二、三…と、いくらでも数字を使って、下にある漢字を順次に上へもって行って読むように指示することもある。

それから、「二」がついてあとから読むほうの漢字が、二字から成る語である場合もある。たとえば「遊歴天下」という文は「天下をめぐり歩く」という意味で、「天下を遊歴す」と語順を逆転させて読まなければならない。このとき、

遊歴ス二天下ヲ一

としたのでは、「遊、天下を歴す」と読むことになってしまう。そこで、

遊二歴ス天下ヲ一

とする。これでも「歴す、天下を遊」と読まれる可能性はあるが、すこし漢文を読み慣れた人ならば、そんな読み方はおかしいと気がつくだろう。そして二字の言葉へと下から返って行くときはその二字の中間に「二」のマークをつけるという原則が確認されていれば、これは「天下を遊歴す」と読むのだとわかるであろう。つまり、多少まぎらわしい返り点のつけ方ではあるが、読者の良識に信頼して、このような方法をとるのである。

ただ、その良識が信頼できないというほどではなくとも、まぎらわしさは避けたいと考えるのが当然であって、近ごろの漢文では、

遊二-歴ス天下ヲ一

と、「遊」と「歴」との中間にハイフンに似た印を入れたものが多い。こうすれば

「遊歴」が緊密に結びついた一語であることが示され、切り離して読まれるおそれはなくなる。しかしこれは、あくまでも親切のためにつけてあるので、返り点として不可欠なものとはいえない。

さて、前の例にもどろう。ここまでに説明した原則に従って返り点をつけ、送りがなをも加えると、原文は次のようになる。

思ヘドモレ君ヲ不レ見エ下ル二渝州ニ一 → 君を思へども見えず　渝州に下《くだ》る

これで原文が訓読できたことになるわけである。

返り点の組み合わせ

しかし右の例は、返り点がつく場合の、ごく単純なケースをあげたにすぎない。構文が複雑になれば、返り点もまた複雑にならざるを得ないのであって、ここですべての複雑な例を説明することは不可能だが、かなり頻繁に見られるものだけを注意しておこう。

まず、レ点と一二点とを複合させる場合がある。たとえば、

魂魄不曾来入夢

これは有名な白楽天の「長恨歌」の一節である。唐の玄宗皇帝は最愛の楊貴妃が殺されたのち、その霊魂（魂魄《こんぱく》）がせめて夢の中にでも訪れて来てほしいと思い続けているのだが、その願いもむなしいということを述べている。

当然、「魂魄」が主語で、それが…しないという構文である。前に述べたように、「不」によって否定される内容は「不」の下に来る。ただ「不曾」は一つのイディオムで、「一度も…しない」「さっぱり…しない」という意味をあらわすが、「不曾」をひとかたまりに読む日本語はないから、漢文では「曾《かつ》て…せず」と分割して読む。「来入夢」は「おとずれて来て、玄宗の夢の中にはいる」という意味で、「入夢」は動詞＋補語の形だから、順序を逆転させて読まなければならない。

そこで原文は、「魂魄曾《かつ》て来りて夢に入らず」と読まなければならない。この読み方を示すために、次のように返り点と送りがなをつける。

魂魄不二曾《かつ》テ来リテ入《い》ラレ夢ニ

つまり、「魂魄」の次に「曾来」を読み、その次に「夢」を読んでから「夢に入る」

と読むが、上に「不」があるから、「入らず」とさらに上へ返らなければならない。それを示すためには、「入」の左下に「レ」と「一」とを組み合わせた印をつけなければならないのである。

「上下点」

次に、一二点だけではすまない場合がある。たとえば、古い小説の結末によく出て来る表現だが、主人公が飄然《ひょうぜん》と行方をくらませてしまって、どこか遠い国へ行ったのか、それとも仙人になって天へでも昇ったのか、「彼の最後はだれも知らない」というときに、

無知其終者

と書く。つまり動詞「知」が目的語「其終（其《そ》の終り）」をともなっているので、語順を逆転させなければならないが、その「知其終」がひとかたまりとなって「者」を修飾している。そして「知其終者」は認定構造として上に「無」をのせているから、ここでも語順を逆転させなければならない。つまり「其《そ》の終りを知る者無《な》し」と読むことになるが、それを返り点・送りがなで表現したとき、

無《シ》二知《ル》二其《ノ》終《リヲ》一者一

としたのでは、どちらの「二」がどちらの「一」に対応するのかわからない。そこで、

無《シ》下知《ル》二其《ノ》終《リヲ》一者上

とする。この「上・下」の印（必要があれば上・中・下の三つを用いる）を「上下点」といって、これが一二点と組み合わされているときには、まず一二点のほうから読み、次に上下点に従って読む。この原則がわかっていれば、混乱は生じないわけである。もしも一二点・上下点を使ってもまだ足りない複雑な構文のときは、甲・乙・丙……の印を第三のマークとして使う。それでもまだ足りなければ、第四に天・地・人を使う。しかし、ここまで来るとよほど複雑な構文になるわけで、実際にはそれほどたびたびお目にかかる機会はない。

助字の読み方と位置

次に、前に説明した助字は、訓読ではだいたい一定の読み方（それが複数である場合もあるが）があたえられ、文の中における位置も一定していて、漢文としては語順を

変える、すなわち返り点をつけなければならない場合がある。たとえば「風と雨と」というとき、中国語では「風雨」と書いてもよいわけだが、それでは「風や雨」「風も雨も」「風まじりの雨」の意味にもなるので、「と」の意味を明瞭にしたければ助字の「与」を使い、「風与雨」と書く。この場合、「与」は必ず並列させられる二つのものの中間におかれる。

そこで漢文では、助字「与」が並列の意味を示すときは「と」と読むことにきめる（この助字は比較をあらわすこともあって、そのときは「より」と読む）。そして「風与《と》雨」と読んでもよいわけだが、そうはせずに、必ず、

風与《トと》レ雨 → 風と雨と

と返り点・送りがなをつける。これは並列されるものの片方が省略されたとき、たとえば「君と行く」は「与君行」と書かれるので「与《と》レ君行《ク》」としなければならないのと、読み方をそろえるためである。

また、「…させる」という使役の意味は、通常、助字「使」または「令」によって示されるが、中国語ではこれが使役されるもの及び動詞の上につくので、日本語とは語順が違う。そこで漢文では、「使」も「令」も一律に「しむ」と読むことにし（も

ちろん、前後の文脈で活用語尾が変化したり、「しめん」などと助動詞のつくこともあるが）、下にある動詞などを先に読むための返り点をつけなければならない。たとえば、

使《しム》二人《ヲシテ》読《マ》レ書《ヲ》 ↓ 人をして書を読ましむ ↓ 人に本を読ませる

となる。

再読文字

こうした助字の中で最も特殊なのが、いわゆる「再読文字」である。たとえば「再考するがよい」というときの「…がよい」は助字「宜」によってあらわされるが、この字は必ず「…する」の上におかれるので、「宜再考」となる。これを訓読風に読めば「再考すべし」が適当だから、

宜《ベシ》二再考《ス》一

とすればよいはずだが、そうは読まない。いつ、誰がきめたと言われると困るのだが、ともかく昔から、「宜」の訓の「よろし」をも読みの中に入れて、「よろしく再考すべし」と読むことになっているのである。たしかに「再考すべし」よりは「よろしく再

考すべし」のほうが、「再考するがよい」という原文のニュアンスに近いであろう。とすると、「宜」には「よろしく…すべし」という意味が含まれていることになる。

中国語では「宜」の一字が「よろしく…べし」の意味を持ち、「…」の上に置かれることになっているわけだが、これを訓読するとなると、どうしても「よろしく」と「べし」の間に、原文では下にある「…」の部分がはいって来ることになる。この矛盾を解決するために、

宜《シク》《シ》二再考《ス》一 → よろしく再考すべし

という訓点法が考案された。すなわち、「宜」に「シク」と送って「よろしく」と読むことを示し、そのまま下に「再考《ス》」まで読んだところで「二」が発動し、もう一度「宜」にもどって「べし」と読む。この場合の送りがな「シ」は、例外として左側につけられる。つまり「宜」は「よろしく」と「べし」の二度にわたって読むから、再読文字と呼ばれるわけである。

もう一つ例をあげよう。「私は都へ上ろうとしている」の「…しようとする」の意味をあらわすのは、助字「将」である。そこでこの意味を持つ文は「我将上京」となる。同じ意味を訓読風の日本語でいえば「我、上京せんとす」であるから、「将」を

「す」と読んで、

我将㆓上京セント㆒

とすればよいわけだが、これもそうは読まない。「将」の訓「まさに」（平将門《たいらのまさかど》という人がいたことを思いおこしてほしい）を生かして、この字を「まさに…せんとす」と読む。「よろしく…べし」よりは必然性に乏しいようだが、単に「…せんとす」というよりは「まさに…せんとす」のほうが、「将」の字の持つニュアンスを表現し得ていると考えられたためであろう。

そこで、やはり「まさに」と「せんとす」の間に、「…」にあたる動詞（もしそれが目的語・補語をともなっていれば、それをも含めて）を割りこませて読まなければならない。もっとも「せんとす」の「せんと」は動詞の送りがなとしたほうが適当だから、実際には「将」を「まさに…す」と読むことになる。この結果、返り点・送りがなは、

我将ニ㆓上京セント㆒

となる。「す」は「将」の読みになっているから、左側の送りがなはつかない。もちろん「上京せんとして」と読まなければならないときには、「将」を「し」と読み、

左側に送りがな「テ」をつける。

さっきの「宜」は、左右両側に「シク」と「シ」の送りがなをつけているので、形の上から再読文字と判断できた。しかしここの「将」は、左側に送りがながないので、形を見ただけでは再読文字ときめられない。したがって「我、上京せんと将に」と読まれる可能性もある。だが、こんな日本語が成立しないことは、誰の目にも明らかであろう。そして漢文を読む人は「将」が再読文字であることぐらいは知っているはずだ、という前提のもとに、このような返り点がつけられているのである。

主な再読文字

しかしその前提が、はじめて漢文を学ぶ人にとって大きな抵抗となっていることは否定できない。再読文字といってもそう種類が多いわけではなく、よく使われるものとしては右の二つのほかに「当（まさに…べし）」・「応（まさに…べし）」・「須（すべからく…べし）」・「且（まさに…す）」・「盍（なんぞ…ざる）」・「未（いまだ…ず）」・「猶（なほ…ごとし）」があるくらいのものだが、それにしても漢字一字を二度読むのは常識では考えられないことで、したがって再読文字というのはよほど特殊なものとして扱われやすい。

たしかに、再読文字は特殊な読み方をする。だがそれは、ここまでに述べたとおり、漢文訓読上にあらわれた特殊な現象なのであって、もとの漢字が特殊な意味や特殊な文法的機能を持つわけではない。「宜」も「将」も、「与」や「使」と同じ助字なのである。だから漢文を読む以上、再読文字の読み方を心得ていなければならないが、その特殊性に執着して、文字の意味までも特殊なものとして考えては、かえって誤りをおかすことになる。漢文訓読によって原文の意味を理解しようとするときの落とし穴の一つは、このようなところにもあるのである。

〈5〉 書き下し文

漢文として読む

思ヘドモレ君ヲ不レ見エ下ル二渝州ニ一

これは原文に返り点と送りがなをつけ、漢文として読めるように指示したものである。この指示どおりに読んだ結果をふつうの日本文の順序で、かつ漢字かなまじり文の形で書いたもの、すなわち、

君を思へども見えず渝州に下る

これが、いわゆる「書き下し文」（「読み下し文」ともいう）である。送りがなはカタカナなので、「君ヲ思ヘドモ…」という風にカタカナを用いた書き下し文もあるが、近ごろではひらがなを使うのが通例になっている。また、送りがなは歴史的かなづかいによるのが通例であり、それに従って読んだ結果は古いスタイルの日本文になるので、書き下し文も歴史的かなづかいを用いたものが多い。しかし、それでは若い人たちには読みにくいので、近ごろでは「君を思えども…」というように、現代かなづかいによった書き下し文も多くなっている。

書き下し文は結局、原文に返り点・送りがなをつけたものと、読み方に違いがあるわけではない。ただ通常の日本文の形をとっているので、訓読法に習熟していなくても、読むことができる。だから書き下し文を読むのは、原文に返り点・送りがなを施したものを読むのにくらべて、はるかに抵抗が少ない。しかも、

水村山郭酒旗（さかやのはた）の風

というように説明の言葉を補って（あるいは「さかやのはた」を「酒旗」のふりがなとする

ことも考えられよう）、わかりやすくすることも可能である。

だがそれにしても、送りがなが古い日本語の文体に従ってつけられている以上、書き下し文をやさしくするといっても、限度がある。また書き下し文には、それなりの落とし穴があることにも注意しなければならない。

復　文

たとえば、

　智謀を以《もつ》て天下に覇《は》たるを得《え》たり。

これは書き下し文である。書き下し文は、それが原文を正確に読んだものであるならば、必ず原漢文に復原すること（これを「復文」という）ができる。それでは、右の書き下し文を復原すると、どうなるか。

　以テ二智謀ヲ一得タリレ覇タルヲ二天下ニ一

この場合の助字「以」は原因・手段をあらわす語で、その原因・手段の内容を示す語の上におかれる。そこで右の文は、「智謀を用いて（または、智謀にたけていたために）天下に覇をとなえることができた」という意味になる。

しかし、文章のリズムは少々おかしいが、同じ書き下し文を次のように復文することも可能である。

得《タリ》下以《テ》二智謀《ヲ》一覇《タルヲ》中天下《ニ》上

返り点が前の文と違うのは、語順が違うからである。そして語順の違いは、意味の違いにつながる。前の文と後の文との差は微細なように見えるが、微細だからといって見のがすわけにはゆかない。

「得」は「…できる（ここでは、できた）」という意味である。そして「…」の上におかれる。だから前の文では、「できた」のは「天下に覇をとなえること」だけであったが、後の文ではもう一つ、「智謀を用いること」も「できた」中に含まれる。智謀を持った人でも、時の運などがあって、常にその智謀が発揮できるとは限らない。しかし後の文の主人公は幸いに智謀をふるうことができ、そして天下に覇をとなえることができたのである。この二つの文の意味の差は、前後につながる文脈しだいで、決定的な大差となることが予想されるであろう。

しかし日本語では、「得たり」は最後に来るので、語順の違う二つの原文の「得」

を、どちらも最後に読むことになる。したがって書き下し文にしたときは、どちらも全く同一の文になってしまう。原文に返り点・送りがなをつけたもので読むときはまだしも、原文の語順が見られるのだから、区別がつく。だが書き下し文にしてしまえば、区別をつける方法がなくなってしまうのである。

ほんとうは、それでも区別がつくように、書き下し文に何かの操作を施すべきであろう。たとえば前の文を「智謀を以て、天下に…」と書くことによって、いくらかは区別がつけられるはずである。しかし、それでも完全に区別がついたとはいいにくいし、第一、そこまで神経をはたらかして書き下し文を作ることは、実際には少ないのである。

原漢文を読みこなす補助手段

だから書き下し文は、よほどこまかい注意を払って作られたものでない限り、そこから原文の意味をさぐることには不安がある。しかも、こまかい注意を払ってもなお不安の残る場合があり、書き下し文独自の約束でも作っておかなければ、原文の意味を正しく伝えることができない。ということは、書き下し文はやはり、原文を読みこなすための抵抗の少ない補助手段にとどまるのであって、それに過大な期待や要求をすることは、しょせん無理なのである。

だが一方、書き下し文が違っていても、原文は同じだという場合もある。前にあげた例だが、

我将ニ二上京セント一

これを書き下し文にすれば、

我《われ》まさに上京せんとす。

となる。しかし原文にはもう一つの読み方があって、

我将ニレ上ラントレ京ニ

としてもよい。この場合の書き下し文は、

我まさに京に上《のぼ》らんとす。

となる。つまり一つの原文から、二つの違った書き下し文が生まれたのである。「上京する」と「京に上る」とは、全く同じことである。しかし日本語としては、二

ュアンスの差を生ずることがあろう。そしてその差は、前後につながる文脈しだいでは、ある程度増幅された形で印象されることがあるかもしれない。しかし、いくら差が大きく感じられようとも、それは日本語としての差なのであって、原文が「上京」であることに変わりはない。つまり「上京する」と「京に上る」との差をいくら論じたところで、原文の意味にさかのぼって見たときには、ナンセンスになってしまうのである。

ここでもまた、書き下し文をそれだけで考えるのは危険なのである。やはり、あくまでも原文にもどり、そこで意味を考えるという態度を忘れてはならない。

原文にもどり、意味を考える

ついでに、もう一つ書いておこう。原文に返り点・送りがなをつけることは、一種の翻訳なのであるから、つける人によって差が生ずることは、むしろ当然といってよい。これは何種類かの漢文教科書を集め、同じ教材につけてある返り点・送りがなを比較してみれば、すぐにわかることである。

ただその場合にも、漢文としての読み方の相違が原文の解釈の差に起因するものと、日本文としての読み方の差にすぎず、どちらに読んでも原文の意味に変わりはないものとがある。さっきの「上京」は後者の例で、これを「上京す」「京に上る」「京へと上る」のいずれに読んでも、原文の意味は変わらない。だから、どの読み方を採用するかは訓点をつける人の漢語および日本語に対する感覚ないし好みにまかされる。

　これに対して、前者は影響するところが大きい。たとえば「行レ道」は「道を行《ゆ》く」とも「道を行《おこな》う」（儒家の説く「道」などを実践する）とも読める。両者の意味の違いは明瞭であって、原文のまま「行道」とあればどちらの読み方にでも、あるいは無理な読み方だが「行く道」としようとも、読者の判断にまかされる。しかし返り点・送りがなをつけることは、つけた人の解釈を読者に示し、またはその解釈に従って読むことを要求することになるから、「行レ道」とあれば、「行く道」という読みはもはや成立しない。そして「行」に送りがなとして「ク」をつけるか「フ（またはナフ）」をつけるかによって、解釈が一つに固定されるのである。

　したがって読者の側としては、同じ原文に二様の訓点がつけられている場合、すなわち書き下し文としたときに違った日本文となる場合、まずそれが原文に対する解釈の違いから出たものか、それとも日本文としての表現上の違いであって原文には関係がないのかを、見きわめなければならない。

　ただし、ここでは便宜上両極端の例をあげて説明したが、現実には、日本文としての表現上の差ではあるが同時に原文に対する解釈の微妙な差をも示しているといった例が少なくない。個々のケースについては、そのあたりをよく見きわめるべきであろう。だがいずれにしても、同じ原文に違った返り点・送りがながついているとき、日本文として読めば違った文になるのだから、両者の間に意味の相違があるはずだと、単純に思いこんではならない。そう思いこんで二つの読み方を比較し、なんとかして原文に対する解釈の差を導き出そうとするのは、往々にして無意味な努力となるばかりでなく、ときにはとんでもない誤解を生み出すことにもなりかねないのである。

〈6〉 句読点

文を区切る

あらためて説明するまでもあるまいが、「句読点《くとうてん》」とは、日本文でいえばテンやマルのことである。これで文を区切っておかないと、ひどく読みにくい文章になったり、誤解を生じたりすることは、言うまでもなかろう。

断句

しかし日本でも古い時代の文、たとえば『源氏物語』や『徒然草』には、本来は句読点がついていなかった。中国でも同じことで、昔の出版物には句読点がなく、漢字だけを行列させているものが多い。句読点をつけて印刷した本もないわけではないが、それらは大体入門書・通俗書の類であり、教養ある人の読む正統の本ではない。句読点のない本は当然読みにくいわけだが、それでも正しく読めるのでなければ、教養があるとはいえなかったのである。そこで昔の中国の教養ある人は、細い朱筆を持ち、句の切れ目に点を入れながら本を読んだ。この操作を「断句」という。断句のしかたは、要するに自分が読むときのメモのようなもので、人に示すためではないから、一定の風習はあるけれども、きまった規則に従わなければならぬわけではない。

そこで、また実例について見よう。次にあげるのは『論語』の冒頭の一節である。

子曰《ク》、学《ビテ》而時《ニ》習《フ》レ之《ヲ》、不二亦説《またよろこばシカラや》一乎。

あまりにも有名な文章なので、解釈の必要はあるまい。

これが中国の古い本では、返り点・送りがながないのは当然だが、句読点もなくて、

子曰学而時習之不亦説乎

となっている。この文に句読点をつけるとき、通常は次の三種類の方法があった。

1　子曰、学而時習之、不亦説乎、

2　子曰。学而時習之。不亦説乎。

3　子曰、学而時習之、不亦説乎。

1は全部テン、2は全部マルで統一して、句の切れ目を示す方法である。人に示すための句読点ではないのだから、これでもさしつかえはなかろう。朱筆で点を打つ以上、1の方法が最も簡便だが、すこしていねいな読み方をする人は2の方法を採用すると考えてもよい。それにくらべて3は、現在のわれわれが用いる方法と同じで、テンで小さな区切りを、マルで大きな区切りを示す。しかし実際には、ここまでていねいな断句をする必要はないわけで、3の方法は人に読ませるため、たとえば最初から断句してある入門書などによく用いられるが、全体としてそれほど数が多くはない。

現在の新式標点

ただし中国では、民国革命以後、テンやマルの句読点のかわりに欧文のコンマ、コロン、セミコロンなどを用いるようになり、現代ではほとんどそれに統一されている。この方法を「新式標点」といって、本来は現代中国語を表記するための方法であるが、古典語に対しても適用されることが少なくない。この方法によって前の例文に句読点を施すと、次のようになる。

子曰：学而時習之，不亦説乎！

この句読点法には統一された規則がないので、人によって多少の相違がある。特にピリオドは、欧文風のそれを使うこともあるが、これだけは従来のマルにしているものが多い。また日本では俗にナカグロという、並列を示す・は用いられず、そのかわりにテンを使う。たとえば、

堯舜者、聖人也（堯・舜は、聖人なり。）→堯、舜者，聖人也。

訓　点

さて、漢文の句読点に話をもどそう。

返り点・送りがなをつけるのは、自分が読んだときの心おぼえのためである場合もあるが、漢文の教科書や注釈書などでは、読者に読み方を示すのが第一目的である。とすれば、

　子曰《ク》学《ビテ》而時《ニ》習《フ》レ之《ヲ》不二亦説《バシカラ》一乎

としておいても、ある程度漢文を読み慣れた人ならば、自分で文と文の間を区切りながら読めるであろう。江戸時代にはこのように、句読点だけを省いて印刷した本もかなり多かった。しかしそれが、まだ漢文に習熟していない読者に対して不親切であることは、いうまでもない。だから返り点・送りがなをつける以上は、当然句読点をもつけておくのが、いまの漢文では常識となっている。

返り点・送りがな・句読点の三つを総称した言葉が「訓点」である。ただし、いまの漢文では、句読点をつけるのはあまりにも自明のことなので、返り点と送りがなだけをさして「訓点」と呼ぶことも少なくない。

そこで、訓点をもう一度整理すると、次のようになる。

1　訓点をいっさい施さない、原文のまま。

子曰学而時習之不亦説乎

漢文として読もうとする人は、これに自分で訓点をつけながら読む。ただし正確な訓点をつけるには、この文の意味が正確にわかっていなければならない。それには中国古典語の文法だけでなく、昔の中国人の思想や思考方法・文章の表現技術についても、いちおうの理解を持っていなければならぬであろう。つまり漢文に習熟した人でなければ、この形を漢文として正しく読むことはできない。

2　句読点だけを施した形。

子曰、学而時習之、不亦説乎。

この形ならば、1よりもかなりわかりやすくなっている。漢文にかなり習熟した人ならば、1の形の文を読めといわれると困るが、2の形にして示されれば読める場合が多いはずである。本来は1の形を「白文」といったが、いまでは句読点のついたこの形をも含めて「白文」と呼ぶことが多い。

3　句読点と返り点をつけた形。

子曰、学而時習レ之、不二亦説一乎。

これは文の区切りだけでなく、それぞれの語句の文法的関係をも示したことになる。「習レ之」とある以上、「習」が動詞であることは明白で、送りがながなくても「習ふ」と読めなければならないはずである。だがそれにしても「不二亦説一乎」を「またよろこばしからずや」という漢文訓読特有の日本語として読むには、やはりある程度漢文を読み習っていなければならない。

4　訓点を全部つけた形。

子曰《ク》、学《ビテ》而時《ニ》習《フ》レ之《ヲ》、不二亦説《バシカラ》一乎。

漢文を習う以上、この形で示されればまちがいなく読めて、その読みを頼りに原文の意味が理解できる、というのが最低限の要求である。ただ、「またよろこばしからずや」という読み方はやはり難解なので、「説」に「よろこ」、「乎」に「や」とふりがなをつける。これが最も親切な形である。現在、文部省が示している高等学校の漢文の指導要領では、この形にしてある文を正しく読解できることが、究極の目標とされている。

5　書き下し文の形。

子曰《いは》く、学びて時にこれを習ふ、また説《よろこ》ばしからずや。

これが最も抵抗の少ない形である。ただしそれは形の上のことで、4の形でも、正しく読めれば、頭の中には5と同じ日本文ができあがっているわけだから、4と5とは実質的には違いがない。そこで、紙に書くか頭の中にえがくかは別として、4の読者もともかく5の形にしておいてから、原文の意味を考えることになる。つまり1・2はまず原文の意味を考え、それから日本文としての読みを引き出すのに対して、4・5は日本文としての読みから原文の意味を考える。同じ漢文訓読でも、考え方の方向は違っているのである。

訓読から正確な意味をつかむために

そこで4・5の線にそいながら、考えてみよう。まず「またよろこばしからずや」という表現は、訓読から生まれた特殊なものであるが、古い時代の日本語には違いないので、昔の日本人（といっても、いつごろの「昔」かは、問題の残ることがある。そのことについては後に書く）ならば、このままで意味が理解できるはずである。しかし現代の日本人としては、これをもう一度「なんとうれしいことではないか」と現代日本語に訳して、はじめて意味がわかったことになる。それは漢文を勉強すれば可能になるはずであって、高校の漢文学習はそこを目標としているわけである。

ところが、「時にこれを習ふ」という日本文は、べつにむずかしい言葉もないのだが、正確な意味を説明するのが困難である。原文の「時」には「ときどき」と「いつも・絶えず」、「習」には「実習する」と「復習する」などの意味があって、原文にはその中のどの意味を採用するかを決定できるだけのきめ手がない。結局、孔子の思想や学問に対する態度などから考えて解釈をきめなければならないが、孔子についての理解も、人によってさまざまである。げんに、中国でも昔から有名な学者たちが、「時習之」の三字について幾とおりかの解釈を発表している。

訓読はここで、前に述べたアイマイさを逆に利用しながら「時にこれを習ふ」と読み、それ以上の解釈は読者にまかせている。この読み方では「時習之」の文法的な構成と、三字を訓で読むことしか明らかにされていないのである。そこで、日本語としての「時に」「習ふ」の意味を考えてみても、あまり役には立たない。どうしても原文にもどって、中国の古典語としての「時」「習」の意味を考え、また孔子の思想などを考えあわせることが必要になる。つまり中国の学者がするのと同じ操作をしてみることになるが、専門家でない人には、困難が多い。したがって通常は、いちおう「時にこれを習ふ」と読んでおいて、あとは『論語』の注釈書を読んだり先生の解説を聞いたりしながら、自分に納得のいく説を選んで、「時にこれを習ふ」とはここではこういう意味だ、とおぼえこんでしまうことになる。このような暗記的方法は学問的でないようだが、無意味ではない。注釈書がしっかりしたものであるならば、それをしらべる過程の中で、中国古典語における「時」「習」などの意味について、ある程度は把握できるはずなのだから。

さて、漢文を読むときに対象となるものの形式を、1から5までに分類して掲げた。このほかにも、たとえば返り点・送りがなをつけて句読点を省略した形や送りがなと句読点があって返り点のない形などが考えられるが、少なくとも現在ではおこなわれていない。

1〜5の順序は、難から易へと向かっている。漢文を学ぶには、当然、5（または4）からはいって行かなければならない。そして前にも書いたとおり、文部省が高校漢文の指導要領では4をマスターすることを最終目標とするが、それは高校の授業という枠の中でのことであり、一般的に漢文とは4・5だけのものだと規定しているわけではない。実際には非常に困難なことだが、1・2を目ざして漢文を勉強する人があっても、さしつかえはないわけである。

句読点とリズム

句読点の問題から出発して、訓読全般の整理に及んだ。これで説明は終結したことになるが、もう一度句読点にもどって、補足的に一つだけ、説明しておきたいことがある。

句読点は文章のリズムと関係がある。日本語の文章でも、「ぼくは、彼女に、行け、と言った」と書くのと、「ぼくは彼女に行けと言った」とするのとでは、意味内容は同じでも、文章のリズムに差があることは明白であろう。中国語の文章にも、もちろんリズムがある。だから完全な白文を中国語で読みながら句読点を入れるには、意味内容にもとづくことは当然だが、文章のリズムをも考慮に入れなければならない。

訓読文にもまた、訓読文としてのリズムがある。原文に訓点をつけて読む以上、原文の中国語としてのリズムと無関係ではありえないが、日本文として読まれるときに日本文としてのリズムが発生することも、当然であろう。次の例文を見てほしい。

君為《ためニ》レ我《ガ》死《セリ》。（あなたは私のために死んでくれた）

中国語で読むならば、この文はjun wei wo siと、一息に読むのが普通である。ただし日本語の文章でも、できるだけ多く句読点を打ちたがる癖のある人とそうでない人とがあるように、中国人でもなるべく句読点を多用しようとして、「君」の下にテンを入れる人があるかもしれない。だがそれは、中国語のリズムとして、少なくとも通常の読み方ではない。

訓読したときにはどうなるか。「君」は主語だから、送りがな「ハ」をつけて、「君は…」と読ませることにしてもよい。ただそうすると、日本語としての感じは多少間《ま》のびがする。かりにこの文が、「君」の死んだ直後、そのなきがらに呼びかけた言葉だとすれば、「君」と言いきって送りがなをつけないほうが、緊迫感を増すであろう。

そこで、さっきの訓点のように読んだとする。それを書き下し文の形にすれば、次のようになる。

　君我が為に死せり。

これでさしつかえがないわけだが、「君我が…」のあたりに、ちょっと気がかりな点が残りはしないか。

「君」と「我」の二字が密接しているのは、日本文としてなにか異常である。「君我《くんが》が」と誤読されるおそれもある。「君《きみ》我《わ》が…」とふりがなをつければ、誤読のおそれはなくなるが、異常な感じが消滅するわけではなかろう。

ここの「君」は、本来、下に主語であることを示す助詞「は」が来るべきところを、省略したものである。したがってこの書き下し文を読むときには、人によって長さの差はあろうが、ともかく「きみ」と「わが」の間に休止をおくのが通常であろう。意味の上からもそうだし、日本文のリズムとしても、「きみわが…」と間《ま》をとらずに読みくだしてしまうのは、上手な読み方とはいえない。

そこで「きみ」と「わが」との間におかれる休止を明示しようとすれば、次のような表記になる。

君、我が為に死せり。

これを原漢文にもどせば、

君、為ニレ我ガ死セリ。

という訓点になる。訓読のリズムに忠実であろうとすれば、どうしてもテンを一つふやさなければならなくなるわけである。

このようなわけで、同じ文章でも、中国人が断句した場合と日本人が訓点をつけたときとで、句読点のつけ方の違うことがある。しかし、双方とも原文を正しく理解しているという前提に立ってのことだが、句読点は違っても原文の解釈に違いがあるはずはない。訓読の利便のためにつけられた句読点を重視しすぎて、そこから原文の特殊な意味を引き出そうとするのは、大いに危険である。

4　訓読の歴史

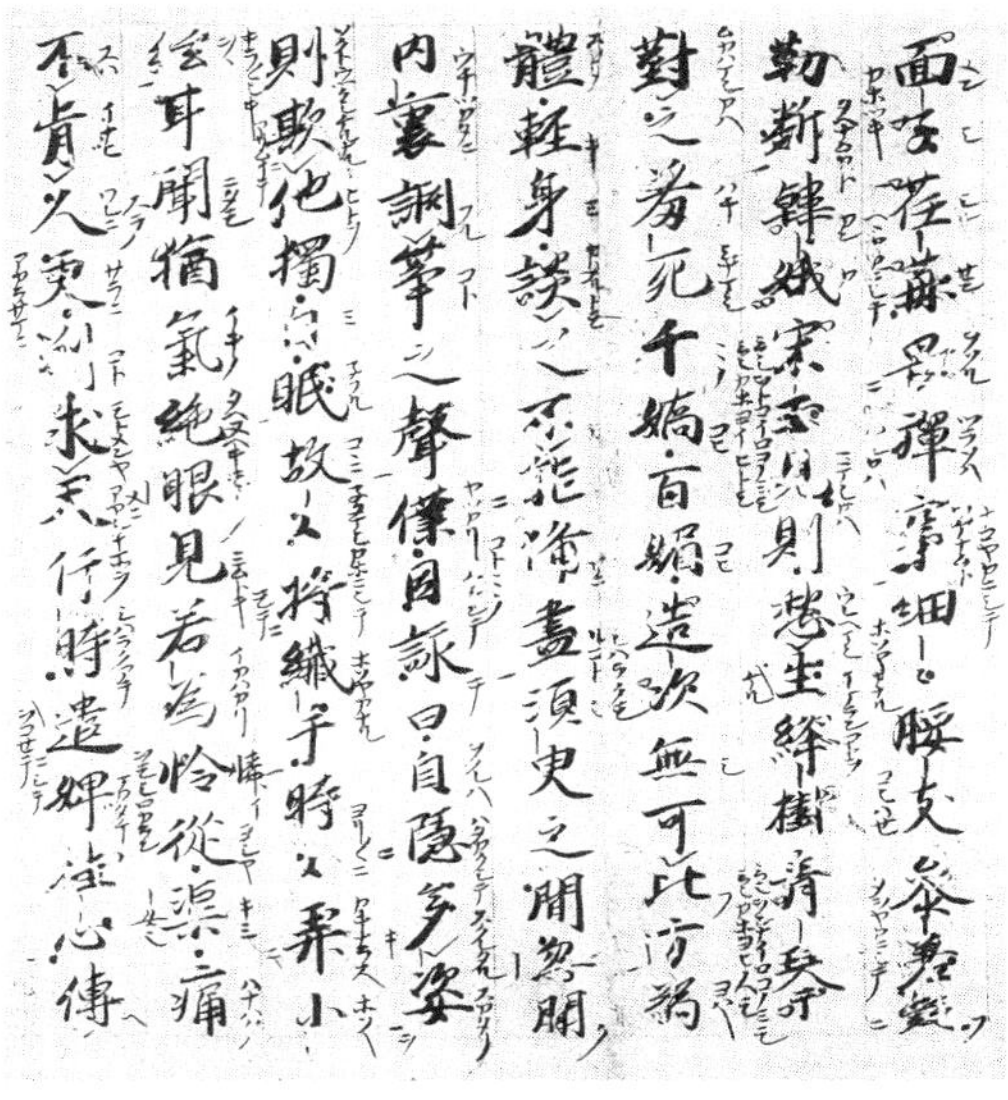

『遊仙窟』（醍醐寺本）の一節

〈1〉　訓点のはじまり

訓読法の変遷

訓読の原則は、現在ではほぼ一定している。高校の漢文教科書を見ても、これまでに述べたように読み方の相違はあっても、訓点のつけ方は統一されていて、句読点のかわりに新式標点を用いたり、ふりがなを現代かなづかいにしたりしたものがあるのが、いくらか変わっている程度である。これは自然に統一されたのではなく、後に述べるように一つの規制がはたらいているためであるが、ともかく大体において統一があることにまちがいはない。

しかし、だから漢文の訓読は昔から統一されていたのだと考えるのは誤りである。訓読法は古くから幾つかの変遷を経て、統一にたどりついた。現在の訓読法はその最終結果なのであるから、当然、最も進歩した合理的なもののように見えるが、そうとは限らない。もちろん、現在の訓読法が成立する必然性はあったが、そのかわり、昔の訓読法が持っていたよさが失われた面もあったのである。

これから、訓読法の変遷について書こうとするわけだが、少なくとも二つの困難がある。第一に、平安朝までの訓読は、専門家の間でも、まだ十分にわかっていない部分がある。第二に、訓読の歴史を考えることは日本語の歴史を見ることにもなるのであって、その点は私の専門外である。これから書くのは、まだ明らかにされていない点をも含んだ、かなり大づかみな説明だと思っていただきたい。

奈良の日本人は、中国語の文章をどう読んだか

さて、日本に中国の書物が渡来したのは応神天皇の十六年に百済《くだら》から王仁《わに》が来朝し、『論語』と『千字文』を朝廷に献上したのが最初だといわれる。そして皇子の菟道稚郎子《うじのわきいらつこ》が王仁についてこれらの書物を習ったのが、日本人が中国の書物を読んだはじめであるともいわれている。

しかし現在の研究では、これは伝説と見るべきだということになっている。かりに、それに近い事実があったとしても、中国の文物が日本に渡来し、日本人が漢字で書かれた文章を読んだのは、この時が初めてではなかったろうというのが通説である。

しかし、ここでは歴史事実の考証をするのが目的ではない。問題なのは、当時の日本人が当時の中国語で書かれた文章を見て、どのように読んだであろうか、ということである。この際、百済の王仁が日本の皇子に書物を講義したというのは、伝説にし

てもはなはだ象徴的であって、中国の領土内に含まれていた百済が、日本にとって中国文化輸入の窓口であったことは、まちがいがあるまい。

中国の領土内である以上、百済では朝鮮語のほかに中国語も通用したはずである。少なくとも、知識人は中国語ができたにちがいない。したがって彼らは、中国語の書物を中国語で読み、必要があれば朝鮮語に翻訳したであろう。その百済人が日本人に中国の書物を教えたのだから、当然、まず中国語（その発音には朝鮮語のなまりがあったかもしれないが）で読むことを教え、次に朝鮮語で意味を説明したであろう。日本語を知っている百済人ならば、すぐ日本語に訳したかもしれないし、生徒が朝鮮語を知らない日本人なら、先生の説明を日本語に通訳させながら聞いたかもしれない。だがともかく、原文を原語で読み、自国語に訳して理解するという、現代のわれわれが英語を学ぶのと同じ方法をとったにちがいないのである。

そのうちに、百済ばかりでなく、中国本土からも大勢の帰化人が渡来した。彼らが日本の文化・産業に大きな貢献をしたことは、日本歴史上顕著な事実だから、ここで説明するまでもなかろう。彼らの一人一人がどのような理由から海を越えて日本に移住したのかは、知るよしもないことだが、どのみち本国で大学者といわれたような人が渡って来るはずはない。それでもかなりの程度に文字を知っており、書物も読めるし文章も書ける人はあったはずで、そのような人が日本に来れば、相当の大学者として待遇されるのは当然であった。

飛鳥・奈良時代の朝廷において、記録をしたり公文書を作ったりする役人の中心は、このような帰化人またはその子孫たちであったと考えられる。そうだとすれば、彼らは中国の書物を中国語で読み、理解する方法を、世襲的に守り伝えていたにちがいない。

ただ、中国語で読んでそのまま理解できればよいのだが、こちらが日本人である以上、理解するには日本語に訳してみなければならぬことが多いのは、当然である。そこで日本語に訳すのがたびかさなるうち、自然に、一つの言葉には一定の訳語をあてはめて考えるようになる。これは現代でも同じことで、英語を習うにも、heは「彼」、asは「……として」「……ので」、whyは「なぜ」というように、一定の訳語をあてておぼえる。実際には、heを「あの人」と訳したほうがよい場合もあるわけだが、he＝彼とおぼえておけば、あとはその場ごとの応用で、「彼」と同じ意味の日本語を選んで訳文を作ればよい。

奈良朝には一定の訳語があった

奈良朝の日本人が中国の書物をどのような方法で読んだか、確実なことを示す資料は残っていない。しかし、遅くとも奈良朝の中期以後には、このように一定の訳語をあてはめる習慣が、すでに成立していたと思われる。

たとえば、助字の「豈」を漢文では「あに」と読む。「豈其然哉」は「あにそれしからんや（どうしてそんなことがあろうか）」である。この「あに」は奈良時代に「何《なに》」の意味で使われた言葉である。豈＝何としておけば、あとはその場に応じて、「なんとして」「どうして」などと訳しかえればよい。また「曰」を「いはく」と読むのも、「言うことには」の意味だが、このようなときに動詞「言ふ」を未然形にして「く」を添えるのは、やはり奈良朝の言い方である。

これらの例は、奈良朝の日本語が訓読の伝統によって保存され、現代に残ったものである。ということは、「豈」「曰」など、中国の文章に頻出する文字について、奈良朝にはすでに一定の訳語が考案され、かなり普遍化していた事実を示すものにほかならないであろう。

訓読法誕生の様子をさぐる

ここで、当時の人々がどのようにして中国の書物を学んだかを想像してみよう。字引きも参考書もない時代だから、独学はまず不可能である。どうしても先生について、講義を聞かなければならない。それができるのは少数の貴族の子弟で、先生はたぶん、帰化人やその子孫、または遣隋使・遣唐使に随行し、中国で勉強して来た人々であったろう。

だから先生は、発音は少々ブロークンでも、とにかく中国語のできる人が大部分だったはずである。そこで、まず原文を中国語で読み、それから訳して聞かせる。もっとも文法的構造とか品詞に分解するなどという観念はなかったので、ここの「豈」は「あに」ということじゃ、「曰」は「いはく」の意味じゃ、というような解説が主体であり、次に思想の書物ならば、その思想の内容、ことに倫理的な教訓を説明することもあったであろう。

聴講する生徒のほうはというと、まず中国語の発音をおぼえなければならない。発音は正確であるにこしたことはないが、語学教育という観念があったわけではないし、発音練習がどこまで徹底したかは疑問である。かなり日本語風になまった発音でも、いちおうそれらしく発音できれば、よしとしたのではないか。このような発音が音《おん》として固定することになるのだが、それは当面の問題ではない。

発音ができたとしても、原文の意味がわからなくては役に立たない。生徒は先生の解釈に耳をすませたであろうが、聞いただけでは忘れてしまうおそれがある。しかし速記術があるわけではなし、こくめいにノートをとることも困難なので、今の学生もよくやることだが、自分の持っているテキストに、先生の講義の要点を書きこんだ。自分の心おぼえのためのメモなのだから、それほど詳しくなくてもよいし、符牒めいたものでもよかったはずである。ただし人間の考えることは大体きまっているので、自分流のメモでも、自然にある程度の統一は生まれたであろう。

ここで、さらに想像を拡大しなければならない。

学而時習之

この一句の意味を、奈良朝から平安朝初期へかけての先生たちは、どのように説明したであろうか。確実なことは、誰にもわからない。ただ、たぶん、

学びて時に習ふ（表現は多少違っていたかもしれないが、まずこれに近いものだったであろう。「これを習ふ」と読まなかったことは確実だが、この点についてはあとで書く）

ということじゃと教えたであろう。それですませた先生が多かったのではないかと思うが、さらに進んで「時に」とは何か、「習ふ」とはどういうことかと、具体的に説

明した人もあったろう。

しかし、こまかい説明を一々ノートするのはむずかしい。そこで生徒としては、まず「学びて時に習ふ」という説明を自分が持っているテキストに書き入れたであろう。それで大体のところはわかるはずであり、こまかい説明は要点を欄外にでも書いておけばよい。

万葉がなの利用

だが、「学びて時に習ふ」を、どのようにしてテキストに書き入れるか。今のわれわれにとってはしごく簡単なことだが、まだカタカナもひらがなも発明されていない時代の生徒にとっては、大いに悩まなければならない問題だったにちがいない。ここで利用できる方法はただ一つ、万葉がなを用いることであった。

すなわち、「て」「に」「ふ」などが、原文を日本語に訳したときにつけ加わる文字なのであるから、音《おん》または訓で読んだとき「て」「に」「ふ」と同じ、あるいはそれに近い発音になる漢字を探して、代用させることができれば、問題は解決する。たとえば「て」は「天」、「に」は「仁」、「ふ」は「不」をあてはめればよい。

ただし、もともとが自分の記憶のためのノートなのだから、「て」は必ず「天」と書くという規則があったわけではない。事実、「手」と書いた例もあり、「か」にも「加」「何」「香」など、数種の漢字が用いられている。しかし、あまり画数の多い、むずかしい漢字を使うはずはないので、自然に規制がはたらき、一つのかなに無制限の数の漢字があてはめられることはなかった。

そこで、この万葉がなをテキストの文字の右下に、小さく書き入れる。たとえば、次のようになる。

学天時仁習不

こうしておけば、あとで読みかえしたとき、「学びて時に習ふ」だと、すぐに思い出せるであろう。「学天」は「学て」だが、前にも書いたように、こうしてあれば「学びて」のことだとすぐに気づくはずで、「び」まで書き入れる必要はない。心おぼえとしては、これで十分なのである。

次に、「看花」という原文があったとする。先生は「はなをみる」ことじゃと教えたであろう。そこで生徒は、前の例にしたがって、

看流花乎

とする。このまま読めば「看《み》る花を」となって、それでも意味がわからないことはない。しかし「看花」の前後に文章があって、複雑な構文になっていると、「看る花を」ではまぎらわしくなるおそれがある。どうしても「看る」があとで「花を」が先だということを示す符牒が必要になるであろう。しかし、この符牒の考案は万葉がなほど簡単ではないので、成立には手間がかかった。

翻訳の一手段だった返り点・送りがな

ともかく、このようにして、返り点・送りがなの原形が、おぼろげに浮かびあがって来たわけである。もう一度念をおしておくが、それは、原文を読むためではなかった。読むときには中国語を使う。ただ、次に日本語に訳したとき、なるべく直訳して原文の漢字を使おうとすれば、原文の語順を変え、用言の活用語尾や助詞・助動詞などを補わなければならない。つまり返り点・送りがなは、まず翻訳の一手段として発生した。しかもそれは、先生も生徒も白文のテキストを持っており、生徒が講義をノートするときの簡便な方法というのが本来の用途だったのである。もっとも、先生の中にもどこからか虎の巻を見つけて来て、講義用のテキストに万葉がなを書きこんでおく人が、なかったとはいえないであろうが。

〈2〉 カタカナの成立

万葉がなの簡略化

原文に万葉がなを書きそえて意味を示すのは、なかなか頭のよい方法であった。ただ、書き入れ方がまずいと、たとえば「習不」の「不」などは、原文の文字と見あやまって、下に続く文を否定するもののように解釈してしまうおそれがないでもない。それよりも問題なのは、万葉がなといっても結局は漢字なのだから、いくら画数の少ない簡単な文字を選んだにしても、大部分はやはり書くのに手間がかかる。聴講しながら書き入れるのであれば、いっそう、簡便が要求される。

そこで、万葉がなとして選んだ文字を簡略化し、その一部分だけを書く方法が考案された。たとえば「不」は、その第一画と第二画だけを書き、あとは書かない。すると「フ」になる。また「流」は逆に、初めの画はすべて省略し、最後の二画だけを書く。すると「ル」になる。

ただし、やはり心おぼえのための文字なのだから、簡略化の方法は必ずしも一定しない。たとえば「不」を「ス」としたり、「流」を「レ」とした例もある。前者は

「フ」よりも簡略化が足らず、後者は「ル」よりも簡略化が過ぎたものである。

また、「ル」のかわりに「ロ」と書いた例もある。これは「る」に相当する万葉がなには「流」のほかに「留」があり、この字を「田」とも書いたので、その初めの部分だけをとって「ロ」としたのである。このように、もとの万葉がなが違っていれば簡略化された結果も違うのは当然のことで、カタカナの種類はそれだけ複雑にならざるを得なかった。

カタカナの発生と統一

カタカナの発生は、いつとは定めにくいが、現存する資料によれば平安朝の初期からとする説が有力なようである。奈良朝にもカタカナに似た例、すなわち万葉がなを簡略化した文字は書かれていたようであるが、イロハ四十八文字にわたって、一般的に用いられてはいなかったらしい。

こうして成立したカタカナは、おもに漢文訓読に用いられる文字として、発達して行った。現在でも漢文の送りがなにカタカナが使われるのは、この伝統が保存されているためである。そして発達の過程では、幾通りもあった書き方がしだいに淘汰《とうた》され、整理されたが、完全な統一はできなかった。たとえば「ネ」は、万葉がなの「祢」から出たものであるが、江戸時代になっても「子」と並行して通用する状態であった。現在のカタカナの字体が確定したのは明治三十三年の小学校令で、このとき小学校で教えるカタカナは次の字体に統一すると定めたのが、現在にも引き続いているのである。だから、「子」とは書かずに「ネ」、「井」ではなくて「ヰ」と、日本人全部が同じ字体のカタカナを用いるようになったのは、それほど遠い昔のことではない。

メモとして書きこむ

ところで、カタカナは「学テ時ニ習フ」のように、原文の意味を書きこむために使われる一方、漢字の音《おん》訓を表記するためにも用いられた。英語を習うときでも、近ごろは音標文字が普及したけれど、昔は、たとえばthroughの発音がわからなくて先生に教わったり辞書を引いたりしたときは、心おぼえのため、この単語の上か下にカタカナで「スルー」と書き入れた。「スルー」とthroughとは同じではないが、カタカナで英語の発音を書くとなれば、まずこのあたりが最も近いであろう。中国語の発音を昔の日本人が書くときにも、同じ手を使った。

たとえば「率（統率のソツ）」という漢字がある。日本の古い写本の中には、この字のわきに「スヰツ」とカタカナを書き入れたものがある。この字は、中国の古い発音ではほぼ swet に近い音であった。しかし、こんな音をカタカナでは書きあらわせないので、なるべく近い表記をと考えたすえ、「スヰツ」としたのであろう。日本語としてはむずかしい発音であるから、一度聞いただけではおぼえられない。そこで漢字のわきに書き入れておいたのではないかと想像される。

それにしても、「スヰツ」は発音しにくい。英語でも、save をカタカナで書けば「セイヴ」が最も近いだろうが、日本人の間に広く使われるうちに、だんだんと日本語風に簡易化されて、いまでは「セーブする」というように使われる。「スヰツ」も、ここを起点にして日本語化が進行し、「シュツ」になり「ソツ」になった。しかし、これは前に述べた漢字の音《おん》の問題であるから、ここではこれ以上深入りしない。

訓の場合でも、かりに「習」が「ならふ」意味であることを知らなかった生徒がいたとする。先生の説明でわかったが、「習フ」としておいたのでは、あとでまた忘れるかもしれない。そのときは「習」のわきに「ナラフ」と書いておく。いまの漢文では、「ナラ」はふりがなだからひらがなで書き、「フ」を送りがなとしてカタカナで書く。だがこの場合は、「習」の意味を書いておくのが目的なので、ふりがな・送りがなを区別する意識はない。そこで、一律にカタカナで「ナラフ」とするわけである。

このように、カタカナは今の漢文でいえばふりがな・送りがなの双方にわたって用いられた。もともとは万葉がなを簡略化したカタカナであるが、いくら簡略でも、幾つもの用途にわたって多用すれば煩雑になるし、判読もしにくくなる。そこで、カタカナと並行して別の方法も用いられた。これが「ヲコト点」である。

〈3〉 ヲコト点

符号化の一方法として

「学テ時ニ習フ」のように、原文の漢字に用言の活用語尾や助詞などを補う場合、よほどこみいった解釈をすれば別だが、普通ならば補うべきカナの種類には一定の限度がある。ここに目をつけて、よく使われるカナは符号化してしまえば、一々カナを書く手数がかからない。

符号化の方法として案出されたのが、原文の漢字を四角な枠の中にはいっているものと見たてて（つまり原稿用紙の枡目《ますめ》の中に漢字が書きこまれているようなものである）、その四角い枠の一定の場所に点を打つことによって、一定のカナをあらわそうとするものであった。点を打つには、墨ではもとの漢字を読みづらくするので、色を変えて、朱などが用いられた。

たとえば、「時ニ」というとき、「ニ」をカタカナで書き入れてもよいが、この助詞はしばしば使われるので、「時」の字の左上に点を打っておく。つまり左上に点があれば、その漢字には「ニ」が補われるときめてあるので、「時ニ」と読めるわけである。

符号化とカタカナ

この方法はおそらく平安朝初期から始まったであろうとされている。とすれば、万葉がなからカタカナが生まれるのと、ほぼ同時期である。あるいは万葉がなを書き入れるのはめんどうだという考えが、一方では簡略化したカタカナを生み、一方ではこのような符号化へと向かったのかもしれない。しかし結局は、この符号とカタカナとが並用されるようになるのだが、それはもう少しあとで説明しよう。

符号化もカタカナと同様、もとは自分の心おぼえのためであったから、きまった規則があるわけではなかった。「ニ」は左上に点を打つときめようと、左下にしようと、自分で原則を立てておけばよい。しかし、万葉がなの簡略化がしだいに一定のカタカナの字形へと整理されて行ったように、符号化も十あまりの種類におちつくこととなった。

点　図

それにしても、符号である以上、結局は判読してカナに直さなければならない。その判読のためにも、あるいははじめに点を打つときのためにも、どこの点が何をあらわすかを図表にしておく必要がある。これを「点図」という。点の打ち方が違えば、もちろん点図も違ってくるわけだが、いま最も典型的な点図の一例をあげてみよう。

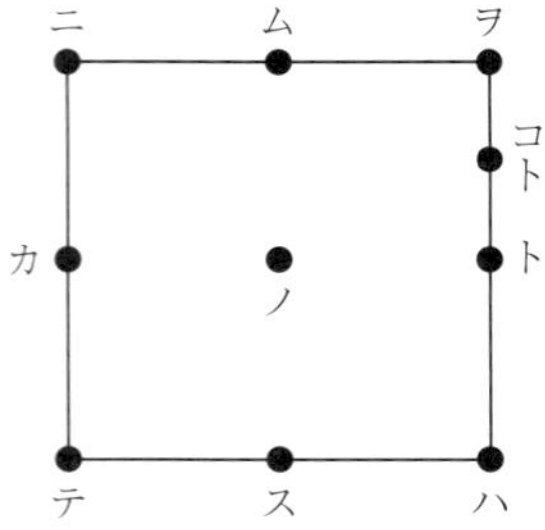

「コト」のようにカタカナならば二字を要するものも、点一つであらわすことができるので、ずっと簡便なわけである。

ところで右の点図の右上から下へ続けて読むと、「ヲコト」となる。そこでこれらの点は一括して「ヲコト点」と呼ばれるようになった。万葉がなを用いて「遠己止点」などと書かれることもある。

ただし、点図によっては「ヲコト」が右上に来ないものもあるので、「ヲコト点」の名がはじめから定まっていたわけではない。したがって古くは「テニヲハ点」「ニシハカ点」などという名称もあった。しかし、結局「ヲコト点」の名に統一されてしまったのは、点図の間にも勢力の消長があって、「ヲコト」系の点図が優勢となったことを示すものかもしれない。

「ヲコト点」は本来、原文の意味を簡便に表示するためのものであったが、時代が降るにつれて、さまざまなカタカナをこの方法で表現するようになり、点図はそれだけ複雑になった。さきにあげた点図でカバーできる場合がそう多くないことは、誰の目にも明らかであろう。しかし四角の枠に点を打つ以上、打つべき場所にはおのずから制限があって、場所の数をふやせばまぎらわしくなる。そうなれば、点の打ち方を考えなければならない。

次ページの点図は、前の例よりももっと複雑な形式である。こうなると、一つの図ではまにあわなくなる。

このような図を数枚、ときには十数枚一組にして、一つの点図とするわけである。つまり点を打つべき位置はほぼ一定しているが、そこに点だけではなく、カギ形など各種の符号を書き入れることによって、三字・四字のカタカナをも表現しようとしたのであった。

こうなると、点図をおぼえるのは容易なことでない。少なくとも初めのうちは、点

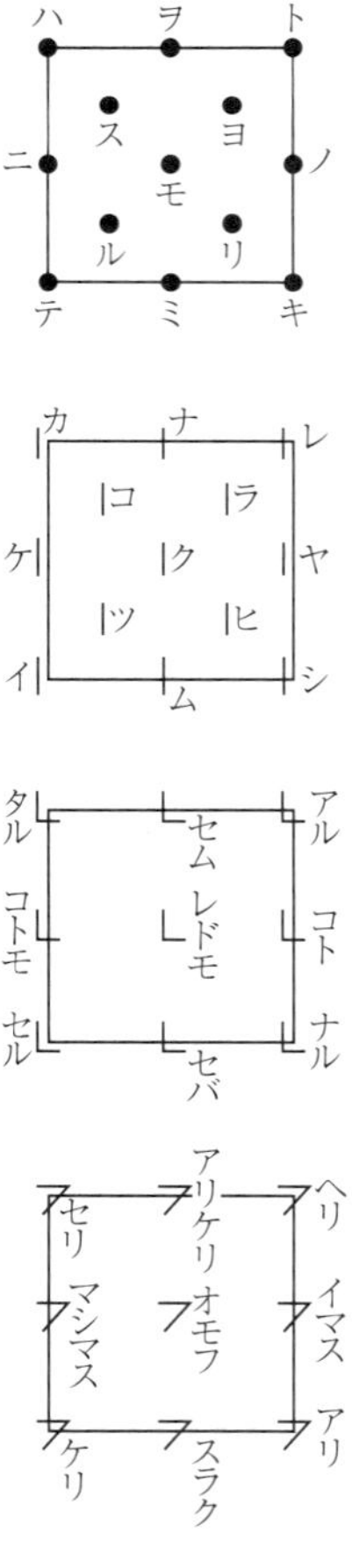

図と首っ引きでなければ点を打つことも、打たれた点を読みとることもできないであろう。講義を聴きながら、その場で点を打って行くことはむずかしくなる。しかし、点図がこう複雑になって行った裏には、ヲコト点に対する考え方の変化が生じていたらしい。

奈良朝から平安朝へかけて、中国の書物が講義できるのは限られた少数の専門家であり、それについて学ぶのも、やはり少数の特権階級であった。したがって専門家は、自分の研究の奥底を容易に示そうとはしなかったし、習った人も、できるならば自分たちだけの知識にとどめておきたがった。あまり多くの人に知られたのでは、自分たちの特権が失われるような気がしたのである。ことに学派が分かれて、同じ原文に対して独自の解釈を立てるようになると、なおさら自分の学派の研究を他の学派には知られまいとする傾向が生まれる。和歌の道にも秘伝などというものがあって、特別な弟子以外には教えなかったのと、同じことである。

暗号化していった点図

また、私はこれまでの叙述でわざと避けて来たのだが、当時の日本人が学んだ中国の書物は、『論語』のように純粋な中国人の著作ばかりとは限らなかった。一方には『日本書紀』など日本人の著作、そしてもう一方には、これが重要なのだが、仏教関係の書物、すなわち仏典とか内典とか呼ばれるものがあった。

仏典はそもそもインドで発生したものだから、サンスクリットで書かれていた。それが、いろいろな経過をたどってではあるが中国に輸入され、中国語に翻訳された。これを漢訳仏典という。そして漢訳仏典と、それにもとづいた中国人の仏教者の著作とが、日本にもたらされた。

現在、日本の寺院で読まれる経文の大部分は、翻訳の時期に差はあるが、ともかく漢訳仏典である。だから、それを漢文として読むこともできる。たとえば「如是我聞」を坊さんたちは「にょぜがもん」と呉音で頭から読んでいるが、漢文としては、

如《ク》レ是《かくノ》 我聞《ケリ》（かくのごとく我《われ》聞けり——私は次のように聞いている）

と読むことができる。つまり「にょぜがもん」は原文を古い中国語で（むろん日本風になまった発音だが）読んだものであり、「かくのごとく我聞けり」がその解釈となるわけである。

（ただし漢訳仏典には梵語《サンスクリット》をそのまま漢字で表現した部分もあり、純粋な中国文とはいえない。したがって日本では漢訳仏典を漢文としては扱わないのが通例なので、この本でも除外した。しかし奈良・平安朝での訓点の発達に寺院が大きな貢献をしたことは見のがすことができないし、現存する訓点の古い資料には、寺院で保存された仏教関係のものが圧倒的に多いのである。）

そこで、当時の寺院では、たとえば「如是我聞」をまず「にょぜがもん」と読み、次に「かくのごとく我聞けり」という意味だと教えた。その読み方も宗派により、あるいは寺院によって相違があったろうし、意味の解釈にはますます差が多かったであろう。そして重要な点は宗派の秘密として、他宗の者には知られまいとしたにちがいない。

複雑なヲコト点は、このようなとき役に立つ。さまざまな形状の点を書き入れ、点図が何枚も必要なようにしておけば、他宗ないし他の寺院の人が見ても、暗号同様であって、容易なことではわからない。そのかわり、自分が点を打ったり読んだりするときにも、たくさんの符号を使いわけなければならないので、手間がかかるであろうが、これはやむを得ない。むしろ、その手間のかかる方法に習熟することが、選ばれた人間として学問をするための修業の一つと考えられたかもしれないのである。

各寺院・各学派ごとの点図

ヲコト点の発達・複雑化の動機として、本来簡便が主眼であった点法を精密にしようとした意図を重視するか、このような秘密主義を重視するかは、国語学者の間にも意見が分かれるようである。ただ結果として、ヲコト点にたくさんの種類ができたことはまちがいない。そして一つ一つの点法に名前がつけられていたが、多くは考案者もしくはそれが用いられた寺院・学派などの名がつけられたようである。たとえば三宝寺点・智証大師点・浄光房点・広隆寺点などの名が残っているが、これらは僧侶が用いたもので、仏典を主要な対象としたのであろう。また菅家点・江家点・清家点などの名もあるが、これらは平安朝以後、学問をもって朝廷につかえた菅原・大江・清原の三家のヲコト点が、それぞれに違った点図を用いていたことを示す。ただ、三家とも中国の書物を読むことを学問の主要な部分としていたので、仏典の研究とはことなる。このようなヲコト点を「博士家点《はかせ》」と総称する。

さて、簡単な点図を用いるか複雑にするかは別として、ともかくヲコト点とカタカナを並用すれば、原文の意味はほぼ書き入れることができよう。たとえば、はじめにあげた点図に従って「学而時習之」に書き入れをするならば、

学而時習《ナラフ》之

とすればよい。「ナラフ」は「習」の字の意味を書いたので、つまり訓にあたるが、もしも原文を音《おん》のままで表現したいとき、発音がむずかしければ、やはりカタカナで記入しておくことになる。

しかし、ヲコト点とカタカナでは、まだ原文の解釈を十分に表現することはできない。前にも書いたように、日本文としてはどうしても下の字から先に解釈しなければならない場合が多いからである。そこでもう一つ、返り点の考案が必要になる。

〈4〉 いろいろな返り点法

返り点・句読点も点図に入れる

中国文を日本文に翻訳するとき、語順を変えなければならないということは、早くから気づかれていたようである。しかし語順の転換を示すための符号、つまり返り点がはじめて用いられるようになったのは、現存する資料の限りでは、やはりカタカナやヲコト点が使われだした平安朝初期からと思われる。

というよりも、初期の返り点は、ヲコト点の一部として考えられたらしい。原文の漢字に「ヲ」や「コト」を添えるのも、語順を逆にするのも、要するに原文にある操作を加えて日本語化することに変わりはなく、その操作を符号化して示す返り点もヲコト点も、原理的には同じものだといえよう。

ついでに句読点も、これは翻訳でなくとも必要なものだが、ともかく点を打つというところで、ヲコト点・返り点と共通した面を持つ。したがって平安朝では、返り点も句読点も、ヲコト点の中に含めて考えられる傾向が強かった。すなわちヲコト点の点図の中に、返り点や句読点の符号も入れられてしまうのである。たとえば上のような点図になる。

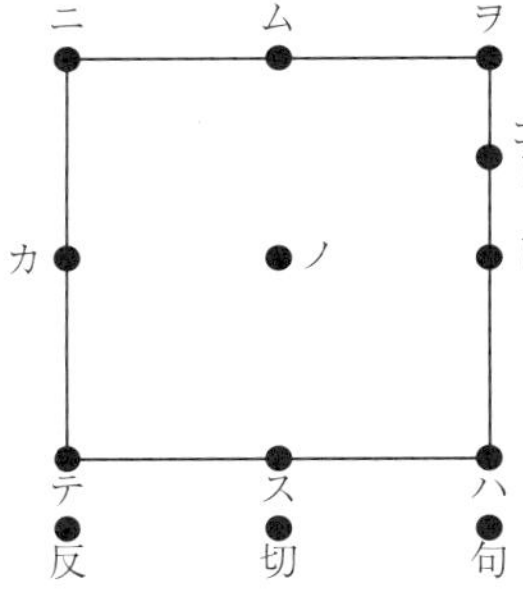

上の部分は通常のヲコト点である。その下、つまり下に来る文字との中間に打たれた点が句読点と返り点をあらわす。この例では、「句」がいまの句点、つまりマルに相当し、「切」が読点、すなわちテンにあたる。そして「反」が返り点を示すわけである。この方法を実際の文に適用してみよう。

登東皐以舒嘯、臨清流而賦詩。

これに現在の方法で訓点をつけると、次のようになる。

登リテ二東皐ニ一以テ舒ニ嘯キ、臨ミテ二清流ニ一而賦スレ詩ヲ。（東皐《とうかう》に登りて以《もつ》て舒《おもむろ》に嘯《うそぶ》き、清流に臨みて詩を賦す。――東側の丘に登ってのんびりとうそぶき、清流のほとりへ行って詩を作る）

これをヲコト点で表現してみよう。ただし、ここの「以て」は昔は読まなかったであろうから、やはり読まないことにする。

登東皐以舒嘯臨清流而賦詩

「皐《かう》」や「舒《おもむろ》」がむずかしければ、カタカナで書き入れればよい。「嘯《うそぶ》き」の「き」は、この点図では示せないが、意味がわかっていれば当然読めるはずである。わから

なければやはり「ウソブキ」と書き入れればよい。こうしておいて、

東皐《とうかう》に登りておもむろにうそぶき、清流に臨みて詩を賦す。

と読めることになるわけである。

点図の返り点はわかりにくい

しかし、誰でも気づくことであろうが、このような点法は、たいへんにまぎらわしい。「皐」の左上の点は「二」を示し、左下の点は「反点」であるが、打ち方によっては左下が「テ」を示すようにも見え、左上と合わせて「東皐ニテ」となるのかと思われるおそれがある。

しかも、「皐」「流」「詩」の左下の反点は、そこで上へとかえることを示しはするが、どこへかえって行くのかはわからない。この例のように簡単な構文ならば、「皐」の上を見れば「登」のほかにはかえるべき先がなく、「流」の上では「臨」だと、常識的に判断できよう。だが、もっと複雑な構文になると、反点があるから上へかえることはわかるが、かえる先が二つも三つもあって判断がつかない場合も少なくはないのである。

そこで、かえる先を示すために、点の数で順序を示すことが考えられた。前の例でいえば、「皐」から返るべき「登」、「流」から返るべき「臨」、「詩」から返るべき「賦」の左下あるいは左側に、●●のように点を二つ打つ。そうしておけば一点から二点に返ることが示されるわけで、判断に迷うことはなくなるであろう。

ただ、●●ぐらいならばよいが、場合によっては点が三つ四つになることもある。ただでさえヲコト点がいっぱいに打たれているところへ、三つも点がならんだのでは、わかりやすくするための手段がますます混乱を生むことになるであろう。

数字を使う返り点

ここまで来れば、点の数によって順番を示す原始的な方法よりも、いっそ数字を使ったほうがわかりやすいことは、誰でも考えるはずだ。現存する資料の限りでは、●●を使う返り点法と数字を用いたものとが並存していて、前者から後者が発生したとはいえないが、ともかく後者のほうが一歩進んだ方法であるにはちがいない。

ただし平安朝の数字を用いた返り点法は、現在とは違っている。第一に数字を書くべき位置が現在のように漢字の左下ではなくて右側、すなわち現在ならばふりがなのあるべき位置か、またはその反対側の左側である。そのほかにも相違は多いのだが、この方法に従って、前の例文に数字の返り点をつけてみよう。

登三東一皐二以舒嘯　臨三清一流二而賦五詩四

古い返り点法では、返読の順序を示すというよりは、日本文に訳したときの漢字の順番を数字で書き入れるという考え方である。すなわち現在の返り点は、「臨清流」ならば「流」から「臨」に返るので、「流」を一、「臨」を二とする。しかし古い返り点は「清流に臨みて」となるところから、最初の「清」を一、「流」を二、「臨」を三とするわけである。このほうが親切な示し方だが、それだけ煩雑にもなるのであった。

だいたい、「臨三清一流二」とするのと「臨二清流一」とでは、実質的な相違はなく、ただ前者のほうがわかりやすいだけである。しいて言えば、後者は「流に臨清す」と読むことも可能なわけだが、意味の上からそう読めないことは、すぐにわかる。それならばむやみに数字を多くする必要はないので、時代が降るにつれ、しだいに前者よりも後者の方法が優勢になった。つまり現在の返り点法が形をととのえてくるのである。

また「賦詩」は、現在ではレ点を用いるところだが、数字を使う返り点はあくまでも数字で統一しようとしたので、「五四」と数字をつけることになる。レ点はあとで書く返り点法が、後世になってから数字を用いる方法と融合してできたのである。

さらに、数字だけではまにあわない場合、すなわち現在の返り点法では一二点に加えて上下点を使わなければならないときも、昔は数字でおし通そうとした。上下点も数字で書くのだが、そのままでは混乱するため、漢字の左側を使う。たとえば、現在の漢文では、

如シ下揮《ふる》ヒテ二快刀ヲ一断ツガ中乱麻ヲ上（快刀を揮《ふる》ひて乱麻を断《た》つがごとし）

となるものが、昔の方法では、

如四揮三快一刀二断三乱一麻二

の形になるのである。つまり右側の数字を優先し、それから左側の数字の順序に従うこととなる。

数字以外の返り点

数字を使うのは、合理的でもあり、親切な方法であった。ただし原文に書きこまれるのは、ほかにヲコト点・カタカナ・句読点がある。その上に数字が書かれたのでは、狭いスペースがよけい混雑してしまう。また、三一二五四…というように、たんねん

に数字を記入して行くのも、かなりめんどうな仕事である。

そもそも、心おぼえのためにつける返り点であれば、つける人・読む人の学力にもよることだが、それほどたんねんである必要はなかろう。また、現在の一二点を考えても、大部分は三までの数字でまにあうのであって、四・五以上の数字を必要とするのは、特殊な例である。それならば、返り点を示すのはなにも数字でなければならないとも限らない。

やはり平安朝の返り点法には、数字を用いず、上・中・下の漢字を使う方法があった。これによれば、前の例文は、

臨下清流上而賦下詩上。

となる。「流」が上に来て「臨」が下に来るのだと指示しているわけで、数字を使わなくても、「清流に臨みて詩を賦す」となることがわかる。やたらに多くの数字を使うよりも、かえってすっきりしているといえよう。

そのかわり、四・五などと、たくさん上へ返らなければならない文に対しては、この方法はお手あげである。上・中・下としたら、その先はもう文字がないからで、下ノ下などと書いたのではめんどうであり、数字のほうがわかりやすい。そこで上・下

を返り点に使う方法はあまり発達せず、ただ数字を使う返り点法の補助手段として、現在の返り点の中にも生き残ることとなった。

また、返ることを示すために点を打つのも、一・二や上・下を書くのも、要するに符号なのであるから、いっそ完全に符号化してしまおうという考え方がある。符号の形はさまざまで、〇や＋の印などが用いられ、たとえば、

登東皐以舒嘯

のようにする。これで、下の「皐」から上の「登」へと返ることが示される。簡便な方法のようだが、これでおし通そうとすれば、

臨清流而賦詩

となって、どの。からどの。へ返ったらよいのか、混乱してしまうおそれがある。

このおそれを防ぐため、上下の対応関係を示した符号もあった。たとえば ' と ‘ で、これを使うと、次のようになる。

臨清流而賦詩

つまり・がここから上へ返れという符号で、，がその返る先を示す。こうすれば、。のときのような混乱は防止できる。ただし「賦詩」は一字上に返るだけなので、上の字に，をつけるのは、対応関係を示す意味もそう大きくはないし、煩雑にもなる。そこで・があるだけで上に，がないのは、すぐ一字上に返れという意味だときめておく。これで，が一つ節約できるわけである。

この種の符号には、ほかに∧　∨などがある。いうまでもなく、∧が、、∨が・に相当するわけである。また、符号は漢字の右側につくこともあれば、左側のこともある。

このような返り点の符号化は、あまり複雑なものは作りにくい。せいぜい，と・ぐらいのものである。ということは、実質的には前の上下と同じことになる。つまり上に返るべき場所と返る先とが指示できるだけで、現在の返り点で四や五が必要だったり、上・中・下まで使うような複雑な構文はカヴァできない。そこで、この方法もさほど大きくは発展しなかった。ただ∨がレ点に変化して、現在の訓読法の中に生き残っただけである。

混用から統一の方向へ

さて、以上の各種の返り点法は、はじめはそれぞれに案出されたのであろうが、時代が降るにつれて混用されるようになった。●の点と一二の数字とがいっしょに用いられたり、数字と上下の文字とが共存したりしたわけである。その間に、自然にそれぞれの方法の勢力に消長がおこり、淘汰《とうた》がおこなわれた。

やはり、最も便利で複雑な構文にも対処できるのは、数字を用いる方法であった。そこでこの方法が返り点の主力となったが、数字を書き入れる位置はヲコト点の反点のあった場所、すなわちその漢字の左下に定まった。ただしこの方法で、「詩を賦す」を「賦㆓詩㆒」とするのは、なんとなくむだな感じがする。そこで一字上に返るときだけは、符号化の方法の中の∨を採用してレ点とし、「賦㆑詩」とすることになった。また、数字が原漢字の左下に書かれる以上、複雑な構文のとき数字を原漢字の右と左に分けて区別する方法は、もはや成立しない。そこでこの場合には漢字を使う方法の上・下を採用し、一・二・三…に上・中・下をからませて、複雑な構文の返り方を示すこととした。

これでどうやら、現在の返り点法が成立したことになるが、ここに到達するまでには、長い歳月が必要であった。ある時期に誰かが、返り点は次のようにすべしと命令を下して統一したわけではない。その統一がおこなわれたのは明治になってからであり、それまでは寺院や学派ごとに、独特の返り点法が用いられていた。その中でも、こまかいところでは相違があるが、どうやら現在の返り点に近い形が有力になったのは、早く見ても室町時代であろう。そして江戸時代になると、現在の返り点の原型が、はっきりと浮かびあがってくる。

混用返り点による文例

返り点・句読点・ヲコト点・カタカナなど、現在の訓読法のもととなったものの成立の歴史は、これでいちおう説明が終わったことになる。そこで最後に以上の総括として、実際にこれらの符号のついた文章の一例をあげてみよう。おそらく鎌倉時代のものと思われる古い写本の『文選《もんぜん》』の序文の一節で、これまでに説明した諸符号のほとんど全部が混用されている。ただしこれらの符号は、同時期に同一人がつけたとは保証できないので、古い符号が残存している可能性もある。もとの形のままあげておくから、興味のある読者は読んでみられるとよい。なおヲコト点は一四二ページに掲げた点図に、句・切・反点は一四九ページの図に従う。漢字の下にある一の字は、その漢字が人名であることを示す符号、漢字の横の二の字はいわゆる躍り、すなわち「愈ゝ《いよいよ》」というときの「ゝ」にあたる符号、「辞也」の書き入れは、その字は読まないことを示す。

老一荘二之作管一孟二之流益二

以モレ立ツルレ意為レ宗ム子不ス下以レ能ヨクスルレ文為セ中

本モト上今之所レ撰エラフ文亦略セリ諸辞也

（築島裕博士の調査による）

まず、全文の意味の説明から始めよう。『文選』は六朝の梁《りょう》の時代に編集された、それまでの詩文の名作集である。ただし名文といっても思想の書物にあるものは、すべて除外した。その方針を説明した一節が、右に引用した文章なのである。もっとも現在われわれが読んでいる『文選』とは、こまかい点で文字が違っており、したがって全文の意味にも差があるのだが、右の文章のままを翻訳してみよう。

老子・荘子の著作や、管子・孟子などの学派の書は、ますます（前に孔子の書のことが書いてあるので、こう言った）自分の意見を樹立することを中心とするようになっており、文章をうまく書くことを本来の目的とはしていない。いま、（この文選に）選ぶ文章としては、これらの文も除外した。

さて、このような意味だとして、前の訓点に従えばどう読むことになるか。まず読んだとおりを書き下し文にしてみよう。

> 老荘の作、管孟が流は、ますます意を立つるをもて宗《むね》と為す。文能《よ》くするをもて本《もと》とせず。今の撰《えら》ぶ所は、文、亦《また》、略せり。

では、現在の漢文ならばどう読むか。これも訓点をつけた原文と書き下し文とをならべておこう。

> 老荘之作、管孟之流、益ゝ以テレ立ツルヲレ意ヲ為シレ宗ト、不二以テレ能クスルヲレ文ヲ為サ㆑本ト。今之所レ撰ブ、文モ亦略セリレ諸ヲ。

> 老荘の作、管孟の流、益ゝ《ますます》意を立つるをもって宗と為《な》し、文を能《よ》くするをもって本と為《な》さず。今の撰ぶ所、文も亦諸《またこれ》を略せり。

この読み方と古い訓点との間にいろいろな点で差があることは、一見しただけでも明白であろう。どうしてこのような差が生じたのか。それが、これからあとの主要なテーマとなる。

〈5〉 訓読の確立

原文を日本語として読む

前にも書いたことだが、奈良朝から平安朝初期へかけての人が原文に万葉がなやカタカナ、ヲコト点などの訓点をつけたのは、原文の解釈を簡便に示すためであった。すなわち「学而時習之」は「学びて時に習ふ」という意味だと、訓点によって示すのは、「時に」とはどういう意味か、「習ふ」とはどうすることかなどの疑問は残るけれども、少なくとも原文からひどく離れた解釈ではない。というよりも、原文の意味をおおまかにつかみ取って、あとのこまかい解釈は別のノートにするか、あるいは記憶の中に残しておこうとしたことになる。

ところで「学びて時に習ふ」は、原文に密着した、いわば直訳である。原文の漢字の中から日本文としては不用なものを省き、かわりに数箇のカナを加えてあるが、原文中の主要な漢字は消えていないし、他の漢字が増加されてもいない。それならば、「学而時習之」という原文を見せられたとき、いきなり「学びて時に習ふ」と読んでもよいわけである。むりにブロークンな中国語で「ガク、ジ、ジ、シフ、シ」と読んでから、「学びて時に習ふ」と同じ漢字をたどるのは、よけいな手間だと考えられるようになってくる。

これは、外国語の学習法としては変則である。たしかに this は「これ」、is は「…である」、a は「一つの」、cat は「猫」とおぼえておけば、This is a cat. という文は、英語として発音できなくても、語順を変換させるだけで意味が理解できる。だがそれでは、英語ができるということにはならないだろう。中国語でも同じことなのだが、漢字は日本でも使っているので、原文の漢字をそのまま日本語化して読むことも、不可能ではない。というよりも、日本語と中国語とを区別する意識が、そもそもあいまいなのであった。

遣隋使・遣唐使がさかんに渡航していたころ、日本の「文化人」にとって、中国語は必須の教養だったにちがいない。かれらは、一度は中国に留学したかったであろうし、そのチャンスも十分にあった。中国こそは文化の本場なのである。そこへ留学することは、いまの日本人がアメリカやフランスに留学するよりも、はるかに大きな意味を持っていたであろう。

中国へ留学するには、中国語を知らなければならない。当時の日本人がどのようにして中国語を学習したかは、はっきりとはわからないのだが、中国の書物をふだん中国語で読んでいるのが練習の一つになったであろうことは、常識的に想像がつく。

ただし、中国へ渡ってすぐに必要なのは、日常会話である。これは『論語』などを勉強していたのでは、役に立たない。唐代の長安で「マタヨロコバシカラズヤ」などという言葉づかいをしたら、通じないこともあるまいが、先方は妙な顔をしたであろう。それは現代の日本で「ぼくはうれしいよ」と言うかわりに「余は満足であるぞよ」と言うのと、同じようなものである。だから『論語』を読むのは、中国語の発音練習ぐらいの意味しかなくて、主要な目標はやはり「学びて時に習ふ」式の、日本語に訳して読むことにおかれるのである。

まして遣唐使が停止された八九四年以後、中国語の現実的な必要性が薄れるにつれて、中国の書物を中国語で読むことが軽視されるようになったのは、当然のなりゆきであった。そうなれば、「学而時習之」を中国語で読むのは、知識を誇りたい人か特殊な伝統を護持したい人だけで、一般には「学びて時に習ふ」と読めば用が足りるのである。

読むと同時に訳す

また、平安朝の公卿たちは、公私にかかわらず漢文で文章を書いた。かなは女文字で、かな文を書くのは女性に限られる。公卿たちの漢文は、たしかに漢字だけで書いてはあるが、中国語として書かれてはいない。だから前にも述べたように、和臭のある文章が平気で作られるのだが、日本語として書き、読む以上は、和臭があってもべつにさしつかえはない。しかし、それを日本語として書き読む以上、やはり漢字だけで書かれた中国の書物を日本語として読んでもおかしくはないことになる。つまり問題は、漢字だけで書かれた文を読むことにあって、それが日本語であるか中国語であるかは、意識にのぼらなくなってしまうのである。

こうして、カタカナやヲコト点・返り点などは、原文を翻訳する手段ではなく、それを読むためのものだと考えられるようになった。「学而時習之」とあれば、「学びて時に習ふ」と読めばよい。そうすることが、原文を「読んだ」ことになるのであって、「ガク、ジ、ジ…」などという読み方をするのは、不必要になってしまったのである。このようにして、「訓読」が成立した。

ただし、ここの「読む」という行為には注意しておかなければならない。それは原文を「読む」ことだが、同時に「訳す」ことにもなっていたのである。「学而時習之」を中国語として「読む」には、一字ずつの発音を知っていなければならないが、知っているならば全体の意味はわからなくても、「読む」ことだけはできる。しかし訓読しようとすれば、少なくとも「学」と「習」は動詞で、「時」が「習」を修飾するということがわからなければ、「学びて時に習ふ」とは「読め」ない。訓点のついたもので考えれば、「学而《テ》時《ニ》習《フ》之」は、この一句の読み方と日本語訳とを同時に示したことになるわけである。

翻訳というものは、どうしても翻訳臭がつきまとう。しかし、なるべくなら臭味のない、りっぱな日本文にしたい。また、読み方にしてもなるべく日本語として調子よく読もうと考えるのは、当然である。

わかりきったことだが、念のためにことわっておこう。現在の漢文、特に高校の課程では、返り点・送りがなのついた文章を読むことが目的である。それが読めても、古い日本語なので、もう一度現代日本語に訳しなおさなければならない。しかし平安朝の人にとっては、現代日本語になおす手間はいらないのであって、訓点に従って読んだとたんに意味がわかったはずである。

いかにして美しい日本語にするか

だから平安朝の人にとって、訓点のついた漢文を読むのは、訓点のきまりさえ知っていれば、ほとんど現代文を読むのにひとしかった。ほんとうにむずかしいのは訓点のない原文、すなわち白文に対して、どのように訓点をつけるかにあった。それが調子のよい、美しい日本語になるように訓点をつけるのが、教養ある人の腕の見せどころなのである。

　もう一度、一六〇ページの例文を見なおしてもらいたい。「老荘之作、管孟之流」は、いまの訓読では「老荘の作、管孟の流」と読む。それは「之」を「の」と読むからだが、古い訓読では「之」を置き字のように見て、「老荘《ノ》之作」というように送りがなをつけた。だが、それにしてもやはり「老荘の作、管孟の流」と読むべきところである。しかしヲコト点は「老荘の作、管孟が流は」と読むようにつけてある。「の」でも「が」でも、意味に変わりはない。ただ日本文としては「…の…、…の…」では平板にすぎるから、わざと「…の…、…が…」として変化をつけた。昔の訓読は、このようなところにも心をくばったのである。また「管孟が流は」の「は」は、省略してもさしつかえがない。だから現在の訓読では省略するのが通例であるが、そこにはたぶん、漢文とは簡潔で力強いものという意識がはたらいているであろう。「は」が一字はいることによって、文意は明瞭になるが、そのかわりに調子は間《ま》のびがする。しかし平安朝の訓読は、間のびがするのをいとわなかった。むしろ日本文としてのわかりやすさ・純粋さに重点をおいたように見える。

『白氏文集』にみる訓点

『白氏文集』が平安朝の公卿たちの必読の書であったことは、いうまでもあるまい。そのために多くの写本が作られ、訓点がつけられて、一部は現在まで残っている。その中から一例をあげてみよう。

何況如今鸞鏡中　妾顔未改君心改

これは『文集』の中でも有名な「新楽府《がふ》」中の一節で、夫に棄てられた女性の嘆きをうたったものである。「鸞鏡《らんきょう》」は鏡を美しく表現した言葉で、昔から美人も容色が衰えると男性の愛情が薄れるというが、それどころか、いま、私は鏡の中にうつる容貌がまだ変わらないうちから、あなたに心変わりされてしまった、という意味である。

そういう意味であれば、いまの訓読ではこの二句を、

何ぞ況《いはん》や如今《じよこん》鸞鏡の中《うち》　妾《せふ》の顔未《いま》だ改《あらた》まらざるに君の心改まる

と読むであろう。ところが、古い写本の訓点もさまざまではあるが、代表的な一つは次のように読んでいる。もちろんヲコト点やカタカナで読みを示してあるのだが、書

き下し文に直してみよう。

何況《いはん》や如今《いま》鸞鏡の中《うち》に　妾が顔　改《あらたま》らぬに君が心改りぬ

相違は微細な点にあるようだが、この相違の意味するところは微細でない。まず「…の中に」の「に」があるのは、前の「管孟が流は」の「は」と同じく、助詞を省略しない読み方をしたのである。次に「改らぬに」とあるのは、「未」がまだ再読文字として固定していなかったことを示すもので、「いまだ改らざるに」よりも「改らぬに」のほうが日本文として純粋なことは、いうまでもなかろう。

さらに重要なのは、結びの「改りぬ」である。「改る」と現在の終止形で言いきる読み方は、たしかに簡潔ではあるが、文法的にはおかしい。助動詞「ぬ」を添えたほうが、やはり少々間《ま》のびはするけれども、日本文として完全である。

やわらかな調子の訓読

概していえば、平安朝の訓読はなるべく純粋な和文に訳して読もうとした結果、訓読みが多く、助詞・助動詞も多く加わって、全体に調子がやわらかい。これが極端になると、有名な伝説がからんだ次のような読み方が生まれる。

東行西行雲渺渺　二月三月日遅遅

これは菅原道真の詩である。いまの漢文で読むならば、返り点はどこにもつかず、しごく簡単な読みになる。

東行《とうかう》西行雲《くも》渺渺《べうべう》　二月三月日《ひ》遅遅《ちち》

しかし、平安朝の読み方は、全く違っていた。すなわち、

とさまにゆきかうさまにゆき雲《くも》はるばる　きさらぎやよひ日《ひ》うらうら

伝説によれば、ある学者がこの詩句を「読もう」としたが読めなかった。むろん「トウカウセイカウ…」式に読むなら誰にでもできるが、その学者にとって、それでは「読んだ」ことにはならなかったのである。そこで彼は神に願をかけ、社殿に参籠《さんろう》した。そして満願の日、神のお告げによってこう「読む」ことを悟ったのであるという。

たしかに、「東行西行雲渺渺《べうべう》」と読んでもまちがいではない。しかしそれは、原文の漢字を音《おん》と訓で読んだだけのことである。「とさまにゆきかうさまにゆき雲はるば

る」と読んで、はじめて意味がわかる。すなわち完全な翻訳になるわけである。

こうなると漢文を「読む」のは、容易なわざではない。あとでもう一度書くが、七世紀末ごろの中国の小説に『遊仙窟《ゆうせんくつ》』という作品があって、十世紀の中ごろ、日本の朝廷で学士の大江維時《これとき》が宣旨を蒙《こうむ》り、訓点をつけようとしたが、「読め」なかった。ちょうど木古島明神の神主が知っているといううわさを聞いたので、わざわざ出かけて行き、読み方を教わったという。これが伝説化して、明神が老翁に姿を変え、全文を暗誦して聞かせて、維時に読み方を教えたということになった。

しかし、一々神のお告げを仰がなければならないような読み方では、いくらのんびりした時代でも、中国の詩文はとうてい読みきれない。「とさまにゆき…」式の読み方は、すぐれた翻訳にはちがいないが、すべてをこの調子で読むことは不可能である。どうしても音《おん》で読む、すなわち原文の漢字をそのまま使って読む方法をまじえなければならない。「鸞鏡」などは翻訳のしようがないからそのまま読み、「改りぬ」のところで和文の味を出す方法が、一般的であった。

ところで「鸞鏡」をそのまま読むのは、つまり原語を訳さずに使ったことになる。これは翻訳では避けられないことで、むりに訳せば長い説明になってしまうか、またはそれに近い、しかし意味が完全には一致しない日本語で代用させることになる。ど

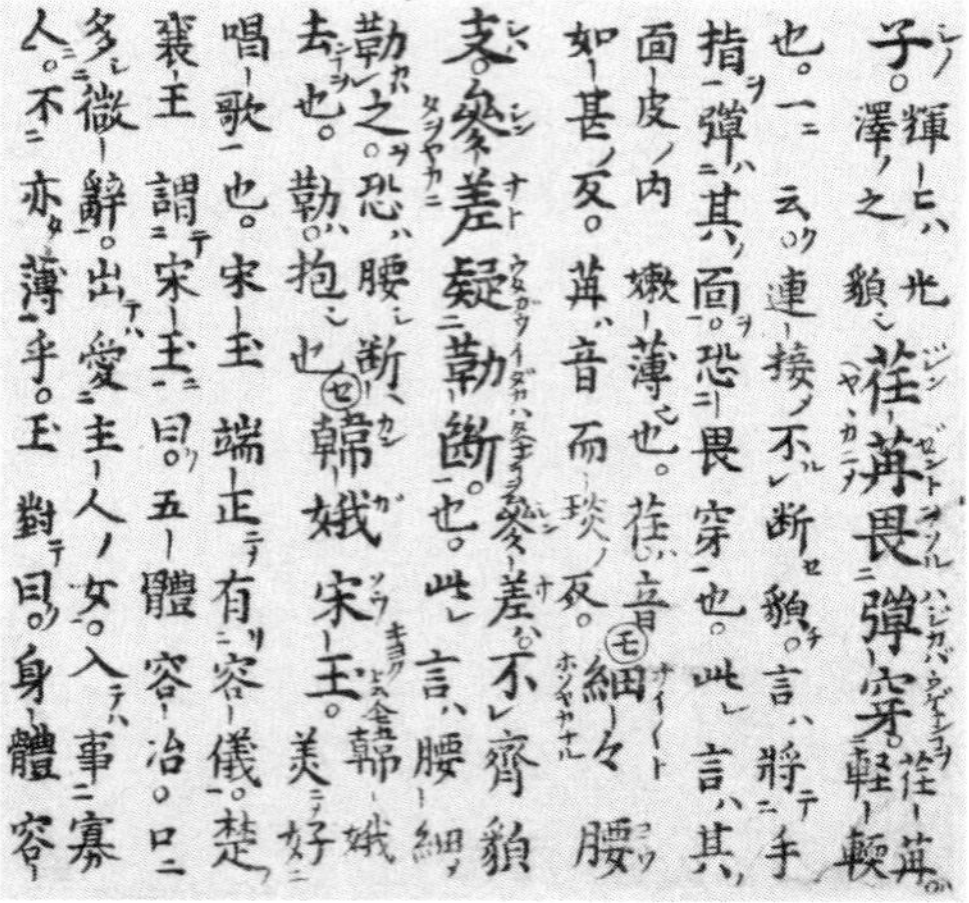
子。輝光澤之貌。荏苒畏彈穿。荏苒輕軟也。一云連接不斷貌。言將手指彈其面。恐畏穿也。此言其面皮之内嫩薄也。荏音如甚反。苒音而琰反。細々腰參差疑勒斷。參差不齊貌也。此言腰細勒之。恐腰斷去也。勒抱也。韓娥宋玉。韓娥美好唱歌也。宋玉端正有容儀。楚襄王謂宋玉曰。五體容冶。口多微辭。出愛主人之女。入事寡人。不亦薄手。玉對曰。身體容

『遊仙窟』原文

ちらも不満ならば原語をそのまま使うほかはないので、また英語の例でいえば、「レジャーを楽しむ」という書き方になるわけである。

この場合、レジャーという言葉が誰にでもわかる言葉であるならば、さしつかえはない。だが、一般にはあまり使われないとき、原語のままでは読者に不親切である。そこで親切にしようとすれば、「レジャー（余暇）を楽しむ」と書くことになるだろう。昔の漢文の読み方にも、これと似たものがあった。

文選読み

前に書いた『遊仙窟』の一節をあげ

よう。わかりやすくするため、現在の漢文で読んだときの訓点と、大体の訳をつけておく。

華容婀《あ》娜《だトシテ》、天上《ニ》無《シ》レ儔《たぐひ》。玉体逶《ゐ》迤《いトシテ》、人間《ニ》少《ナシ》レ疋《たぐひ》。耀《えう》耀《えうタル》

面《めん》子《しハ》、荏《じん》苒《ぜんトシテ》畏《おそレ》二弾《だん》穿《せんヲ》一、細《さい》細《さいタル》腰《えう》支《しハ》、参《しん》差《しトシテ》疑《フ》二勒《ろく》断《だんヲ》一。

(女主人公の容姿の美しさを述べた一節である)花のような顔はなまめかしく、天上界にもならぶものがないし、玉のようなからだはしなやかで、人間界にはほとんど匹敵するものがない。かがやくほどの顔は、ふっくらして指ではじけば穴があくのを恐れるほど、細い腰は、ゆらゆらとして抱きしめれば断《た》ち切れるかと思われるほど。

これにつけられた古い写本の訓点を、書き下し文にしてみよう。神のお告げによるという伝説のある、その訓点である。

花の容《かたち》たをやかにして、天《あめ》の上《うへ》にも儔《たぐひ》無し。玉の体《すがた》なよやかにして、人間《よのなか》に疋《たぐひ》少《すく》し。てれるかほつきは、荏苒《へへやか》にして弾《はじ》かば穿《さ》けなむと畏《をそ》る。ほそやかなるこし

はせは、参差《たをやか》にして勒《いだ》かば断《た》へなむかと疑ふ。

現代のわれわれにはわかりにくい古語も使われているが、当時の人は、このように読めば意味が了解できたであろう。ただ、それだけでは原文の中のむずかしい漢字の発音がわからないのにこたえるためか、「透迤」「荏苒」などには、それぞれ「ヰイ」「シンセン」とカタカナがつけてある。つまり音と訓の両方が示してあるわけである。

別の本では、この訓点法がさらに徹底されている。それを書き下し文にすると、

花の容《かほ》婀《あ》娜《た》とたをやかにして、天《あめ》の上《うへ》にも儔《たぐひ》無し。玉の体《すがた》透迤《ゐい》とたをやかにして、人間《よのなか》に疋少《たぐひすくな》し、耀耀《えうえう》とてれる面子《めんし》のかほは、荏苒《じんぜん》とへへやかにして弾《はじ》かば穿《うが》たんことを畏る。細々とほそやかなる腰支のこしは、参差《しんし》とたをやかに勒《いだか》ば断《た》えなんことを疑ふ。

言うまでもなく、「耀耀とてれる面子のかほ」と、一つの語を音と訓の双方で読むのは「レジャー（余暇）をエンジョイする（楽しむ）」と書くのと、似た方法である。同じ語を二度読むわけで、日本語としては妙な文章になるが、原文の説明としてはもっとも親切だといえよう。

このような読み方を「文選読《もんぜんよ》み」という。平安朝の博士家で『文選』を講義したとき、この方法で弟子に教えたところから生まれた名前らしい。その起源は明らかでないが、かなり古くからあったようであり、後世にも長く伝えられて、江戸初期まで生き残っていた。

〈6〉 訓点本の流行

商業出版の発達

鎌倉・室町から戦国時代へかけ、朝廷が衰微するにつれて、文化の主要な中心が五山の寺院に移ったことは、説明するまでもあるまい。

五山の禅僧たちは中国へ留学したり、中国から僧を招いたりして、新知識を吸収した。その結果、中国でおこった新しい学風や、唐宋音のような新しい発音が日本にもたらされたのであるが、禅僧が目的としたのはもちろん仏典の研究なので、訓読法に新しいものが生まれることはなかった。

ただし中国では、宋から明へかけて、日常の口語で文を書くことが発達し、禅宗の語録にはことにそれが多かった。

たとえば「作麽生」は「何をする・どうする」の意味で、「説了」は動詞「説」に完了の意味を示す助字「了」が加わったものである。このような言葉がはいった文章を訓読するとき、禅僧たちは「作麽生」はそのまま中国語で「そもさん」と読み、「説了」は「説《と》き了《をは》んぬ」とした。

しかし、こうした訓読はいわば当時の「現代中国語」を読むためのもので、『論語』や『文選』などの古典を読んでいるかぎり、必要がない。

その古典を研究していたのは博士家の人々で、中には中国の新しい学説を採用して研究にあたった人もあったが、訓読法はやはり昔から伝えられたものをそのままに用い、文選読みなどの伝統を維持していた。ただ、彼ら自身が意識していたかどうかはわからないが、時代はもはや動きつつあったのである。

中国の印刷術は唐代に芽生え、宋代に大きく発展した。それが輸入され、日本でも印刷がおこなわれるようになったのは鎌倉時代末期からで、はじめは五山の禅僧によって仏典が出版されたが、しだいに他の書物にも及び、また泉州堺などの町人による商業出版も開始されるようになった。もともと五山の出版物を「五山版」といったが、室町時代までの出版物は出版者が誰であっても「五山版」と呼ばれることがある。

この現象は、博士家の独占的地位を打破する傾向を持っていた。それまでは、中国の古典を学ぼうとする人は博士について読み方を学ぶか、博士家の訓点のついた写本を手に入れ、それを写し取らなければならなかった。どちらにしても金とひまのかかることで、公卿や僧侶でなければ困難だったであろう。しかし印刷された本ならば、やはり金は必要だが、いつでも買って読むことができる。博士家やその流れをくむ人々の門を叩き、教えを乞わなくても、自分一人で訓点のついた本を読み、解釈を考えることができるのである。

これによって最も恩恵をこうむったのは、第一に武士であり、それから都市の大商人であったろう。いままで文化から阻隔されていたこれらの人々が、中国の古典にふれる機会を持つようになったのである。読書人口がふえれば出版もさかんになるわけだし、出版がさかんにおこなわれれば読書人口も増す。両者は依存しあって、新しい文化の時代を切り開いていった。

印刷技術の制約

ところで、印刷された本(これを「刊本」という)を作るとき、写本が原稿になるわけだが、原稿をそのまま印刷するわけにはいかない。朱墨で書きこまれたヲコト点を二色刷りであらわすことは、当時の技術では不可能であった。また写本ならばどんなにこまかい書きこみもできるが、印刷では、あまり小さい字は版木に彫《ほ》りにくいし、印刷のあがりもよくない。それに、写本はもともと個人の所有物で、持ち主が自分の心おぼえのための符号を書き入れてもよいのだが、刊本は不特定多数の人に読ませるものだから、あまり特殊な符号があってはぐあいが悪い。

このようなわけで、刊本からはヲコト点が姿を消して行き、返り点・送りがな・句読点およびふりがなで構成される訓点が、しだいに定着した。そのふりがなも、写本ならば「容貌」に「カホ、カホハセ」と二つの訳語を二行に書きこむことがあったが、刊本ではよけいな手間になるので、どちらか一つだけを選んで印刷することが多くなった。

ただし返り点・送りがなのつけ方は、大きな原則ではほぼ一致するが、こまかい点まで統一がとれていたわけではない。だから出版元が違えば返り点の規則にも違いがあるのがむしろ当然であって、読者のほうで適当に判断して読まなければならない。しかし、出版者も訓点がなるべく見やすい、わかりやすいものであるように心がけるので、時代がたつうちに、どの刊本でも訓点の原則にそれほど大きな相違はなくなってきた。

訓点をつけた刊本の場合、「東行西行…」を「とさまにゆきかうさまにゆき…」とするような読み方は、指定が困難である。せいぜい文選読みを生かして、「面子のかほ」は原文の「面子」の右側に「メンシ」、左側に「カホ」とカタカナを入れる程度である。送りがなも、あまり多くては印刷しにくいから、できれば省略するようになる。しかも室町・戦国時代となれば、日本語も平安朝とは変わって来ているので、総体に訓点をつけた刊本の読み方が、現在の訓読に近づく傾向を生じた。

日本語らしく「読む」こと

これは訓読法自体がはらんでいた傾向であったともいえる。平安朝、ことにその後期の人々にとって、漢文を「読む」ことは翻訳することであったと前に書いたが、翻訳とはむずかしいもので、誰にでもできるわけではない。そこで安易に考えれば、原文のところどころに助詞や助動詞を補うことによって日本語らしく「読む」ことはできるから、それで翻訳もできたと思いこむ場合が生じる。

具体的な例で説明しよう。平安朝末期の『今昔物語』に見える話である。大江朝綱《あさつな》は平安朝中期の学者で、前に書いた維時のいとこにあたるが、この人の死後かなり年がたったころ、十数人の殿上人がいまは廃屋と化した朝綱の屋敷で月見の宴をもよおした。そして朝綱をしのびながら、白楽天の

月上長安百尺楼

という詩句を吟じているところへ、むかし朝綱の屋敷に奉公していた者の中でただ一人生き残っているという老尼があらわれ、人々が「月は長安百尺の楼に上れり」と吟じたのを聞いて、朝綱はそうは読まなかった、「月によりて長安百尺の楼に上る」と読んだ、「月は何しに楼には上るべきぞ、人こそ月を見んがために楼には上れ」と言ったので、一同恐れ入ったという。

この話に引用された詩句には多少の問題があるが、いまは余分な点には触れないことにしよう。ともかく「月上長安百尺楼」を、

月は長安百尺の楼に上れり

とした殿上人たちの読み方は、ごく常識的である（現在の訓読なら「月は上る長安百尺の楼」と読むであろう）。そう読んでしまうと、なんとなく意味がわかったような気になる。

大江朝綱も、はじめはそう読んだかもしれない。だが、月が楼に上るというのはおかしいと、彼は考えた。「上」の主語は人間で、月を見るために人間が楼に上るので

なければならぬ。そこで、「月によりて長安百尺の楼に上る」という読み方を考えた（これも現在の訓読なら、「月には上る長安百尺の楼」と読むことになる）。朝綱はもう一段深く、原文の意味をつっこんで理解しようとしたことになる。

訓読の型にはめて読む

つまり、訓読が翻訳だという意識が濃厚だった時代には、原文を読む人は「東行西行」の例のように、いろいろと読み方に工夫をこらした。原文の意味がわからない以上、読み方はつかめないのである。ところが、訓読の習慣が固定すると、よほどむずかしい漢字や構文がある場合は別だが、普通は訓読の型にはめて読むことができるようになる。「月上…」とあれば、ともかく「月は…に上る」と読んでおけばよい。それで「読めた」ことになって、意味はそれから考えるのである。同じく訓読といっても、考える順序は逆になってきた。

しかし、まず訓読の型によって読み、それから意味を考えるとなると、最初の訓読がおかしければ、意味もおかしくなってしまう。殿上人たちは老尼にそこをつかれて、赤面した。だが原文を中国語として読まず、いきなり日本語で読み下そうとする以上、このような傾向が生ずるのは必然のなりゆきだったといえよう。しかも訓点本が出はじめてからは、印刷技術の制約上、あまり長いふりがなや送りがなは省略したがる傾向も生じた。平安朝の人々が苦心して考えたキメのこまかい「読み」は、しだいに埋没して行くことにならざるを得ない。

現在の訓点に近づく

それでも江戸時代初期までの刊本には、まだ古い訓読のおもかげが残っている。その一例をあげて見よう。明初の瞿佑《くゆう》の小説集『剪灯新話《せんとうしんわ》』の中から、日本でも怪談牡丹灯籠として翻案され流行した「牡丹灯記」の一節をとり、原文の訓点をそのままかかげてみることにする。

隣翁ノ曰ク彼レ言ハ三僑居スト湖―西ニ一当ニ三ヘクンハ往テ物―色ス二之ヲ一則チ可シレ知ヌ矣

生如クス二其ノ教ノ一逕ニ投シ二月湖ノ之西ニ一往来ノ二於長―堤之ノ上高

橋ノ之下ニ一訪ヒ二於居人ニ一詢フ二於過客ニ一並ニ言フレ無トレ有ル日将ニレ夕ナラント

矣乃シ入テ二湖心寺ニ一少ラク憩フ

この訓点には句読点がない。送りがなを読んで行けば自然に句読がつけられるようになっているわけだが、現代の人にはやはり読みにくかろう。そこで、この訓点どおりに読んだ書き下し文を、句読点をつけて掲げてみることにする。

翁《をう》の曰《いは》く、「彼《か》れ湖西《こせい》に僑居《けうきよ》すと言へば、当《まさ》に往きて之を物色すべくんば則《すなは》ち知《しん》ぬべし」生其《せいそ》の教《をしへ》の如くす。逕《ただち》に月湖の西に投じ、長堤の上、高橋の下に往来して、居人に訪《と》ひ、過客に詢《と》ふ。並《ならび》に有ること無《な》しと言ふ。日将《まさ》に夕《ゆふべ》ならんとす。乃《いま》し湖心寺に入《いり》て少《しば》らく憩《いこ》ふ。

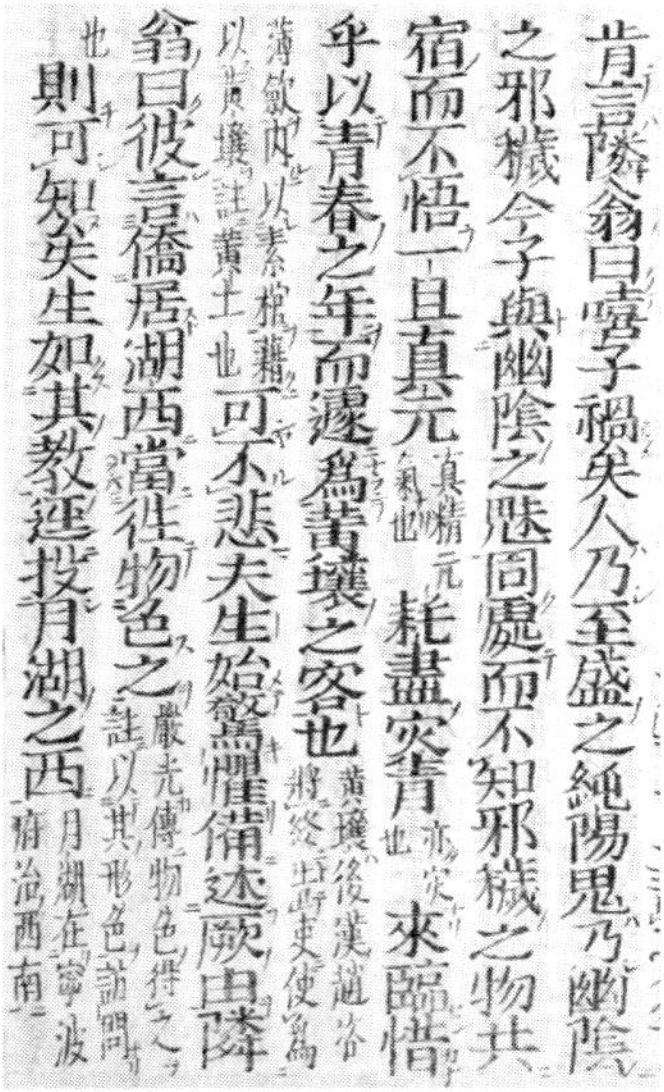
肯言隣翁曰噫子禍矣人乃至盛之純陽鬼乃幽陰之邪穢今子與幽陰之魅同處而不知邪穢之物共宿而不悟一旦真元（真精元氣也）耗盡災眚（亦災也）來臨惜乎以青春之年而遽爲黃壤（黃壤後漢趙咨將終告其吏使爲薄斂以素棺藉以黃壤註黃土也）之客也可不悲夫生始驚懼備述厥由隣翁曰彼言僑居湖西當往物色之（嚴光傳物色得之註以其形色訪問也）則可知矣生如其教逕投月湖之西（月湖在寧波府治西南）

原文訓点の一部

次に、同じ文章を現代日本語に訳してみよう。はじめに少し筋の解説をつけておく。

（喬《きよう》生という青年の家に、

毎夜、牡丹灯籠をさげて侍女を連れた娘が訪れる。隣家の老人がのぞくと、喬生が対坐しているのは化粧をした骸骨であった。翌日、老人は喬生にそのことを話し、娘の正体をつきとめることをすすめる）隣家の老翁は言った。「あの娘は月湖の西に仮住居していると言ったのだから、そこへ行って探せばわかるだろう」喬生は老人に言われたとおりにした。まっすぐ月湖の西へ行き、長い土手の上や高い橋の下を歩きまわって、住人にたずね、通りがかりの人にきいた。しかし、だれもそのような娘はいないと言う。日は暮れかかってきた。そこで、湖心寺にはいり、しばらく休息した。（ここで喬生は娘の遺体をおさめた棺を発見するのである）

この訓読法は、「これを物色す」と「之」を読み、「当」を再読文字に読むなど、かなり現在の訓読に近づいているが、なおいくらかの相違がある。たとえば「隣翁の曰く」と「の」の字がはいり、「乃」を「すなはち」でなく「いまし」と読み、「少憩」を訓で読むなどは、平安朝の訓読がなお残存しているものと言えよう。それから、現在の訓読では「隣翁の曰く」とあれば、その言葉の最後には「則ち知ぬべしと」と、「と」を入れなければならないのだが、それは省略されている。省略してもわかりさえすればよいのだから、「と」をつけるのは絶対的な条件ではなかったのである。

訓点の形式面についても、たとえば「僑二居湖-西一」は、現在の訓点ならば、「僑二居湖西一」とあるべきところである。前にも書いたように、「僑」と「居」の間のハイフンは絶対に必要なものではないので、この訓点では省いた。また、「湖-西」とあるのは、この二字をまとめて「こせい」と音で読めという印である。もしも「みづうみのにし」と訓で読ませたければ、「湖」の下に「ノ」と送りがなを入れ、さらに「湖西」と、左側に寄せたハイフンをつける。すべて-が中央ないし右側にあれば音、左側ならば訓で読むことを示す。だから「生」は音、「上」は訓で読まなければならないわけである。

送りがなも「知《ヌ》」は現在ならば「知《ンヌ》」となるところだが、「ン」を省略してもわかるのだから、省略してある。また「メ」は「シテ」、「ㄱ」は「コト」である。昔の送りがなには、このようにカタカナ二字を一字であらわした符号が多い。たとえば「然《レドモ》」の「ドモ」は「圧」、「…するとき」の「トキ」は「寸」と書く。

〈7〉　訓読の改革

訓読法に変化

漢文が広く読まれるようになったのは、江戸時代からである。幕府が学問を奨励して昌平黌《しょうへいこう》を建て、諸藩も藩学を設け、それぞれに漢学を教えたことは、あらためて言うまでもなかろう。こうして武士が漢文を読むのが一般化したと同時に、江戸や京大坂などでは町人にも漢文を教える塾が発達した。漢文はもはや、博士家が少数の貴族に教え、または寺院の中で僧侶が伝誦するものとは限らなくなったのである。そうなれば、訓読の方法にも変化が生ずるのは自然の勢いであった。

まず、「とさまにゆきかうさまにゆき」式の天才的な訓読は、継承することはできない。だれでも漢文を読むことができなければならないからである。また、武士が読むのだから、なるべく音《おん》を多くし、やわらかな和語を減らした、かたい訓読が好まれる。前の例の「少《しば》らく憩《いこ》ふ」は「少憩《せうけい》す」と、音《おん》で読まれるように変化するのである。

また、訓読する言葉にも江戸時代の語がはいってきた。たとえば「言へば」は、平安朝では「言ふからには」の意味であったが、江戸時代になるとしだいに仮定を示すときにも使われるようになった。つまり現代語の「言へば」に近くなったのである。そこで、平安朝ならば当然「言はば」となるべきところにも、「言へば」と送りがなをつけることが多くなった。

動詞のサ行変格活用が多くなったのも顕著な現象である。たとえば、「霧」は通常は名詞であるが、中国語では動詞に使われることもある。しかし日本語に「霧」の動詞はない。そこで古い訓読では「霧フル」などとして動詞化したが、江戸時代になると送りがなをなるべく減らして簡潔にしようとする意識がはたらき、「霧ス」に変わっていった。「霧《きり》す」では日本語として意味が通じないが、訓読特有の語法として通用するようになったのである。

この類推が他の動詞にも及んで、「死」は古くは「死にき」「みまかりぬ」などと読んでいたのが、一様に「死す」と読むようになった。こうした傾向が漢字をなるべく音《おん》で読もうとするのと結びついて、「伝聞」は「伝《つた》へ聞く」ではなくて「伝聞《でんぶん》す」、「望見」は「望み見る」ではなくて「望見《ぼうけん》す」と読まれることが多くなった。

漢文の普及

また、原文の漢字をなるべく多く読もうとするのも、有力な傾向となった。前にも書いたように、「学而時習之」の「之」は、平安朝では読まなかった。ここの「之」は特に何をさすという代名詞ではないのだから、読まないほうがむしろすっきりする。しかし江戸時代になると、「学びて時に之《これ》を習ふ」と「之」まで読むのが一般化してきた。同様に「吾不レ関焉」は「吾関せず《われくわん》」(私は関係がない)でさしつかえないのだが、「吾関せず焉《えん》」と助字まで読む読み方も生じた。

これには二つの理由があると考えられる。一つは漢文が一般化したためで、「之《これ》を…する」という「之」には、たしかに何かを指示している代名詞的な場合と、漠然としている場合とがある。前者は「之を…す」と読んでもよい。むしろそのほうがわかりやすかろう。しかし後者は、読んではかえって混乱を招くもとになる。平安朝ならば博士家の先生が、ここの「之」は読まぬ、ここは読むと指定して、秘伝のように教えることもできた。しかし漢文を読む人口も教える先生の数も多くなると、そんな指定を一々について下すことができなくなる。それならばいっそのこと、「之」は一律に読むときめておけば、迷うことはなくなる。「之」だけでなく、原文の漢字はなるべく読むことにしておいたほうが、誰にでも気やすく漢文が読めるわけである。

もう一つは、漢文を書く態度の変化である。平安朝では、男性の知識人は漢文でものを書いた。かな文は女が書くものだったのである。だから、ものを書くほどの男性はみな漢文を用いたが、そのかわり、しごく日本風の漢文であった。すなわち中国語としては読めない「安堵《あんど》仕《つかまつり》候《さふらふ》」式の文章だったのである。ところが江戸時代では、男子もかな文を用いるのが通常になったので、漢文は特殊なもの、筆者が漢学の才能をあらわすものとなった。それならば中国人に見せてもわかるような、純粋な漢文で書くべきである。前に書いた「和臭」を嫌う風潮も、これが契機となって拡大した。

しかし純粋な漢文で書こうとするならば、中国人の書いた原文を多くおぼえ、それに従って文を作る必要がある。たとえば「学而時習之」を「学びて時に習ふ」と読んでおぼえていては、同じ文を書くとき「学而時習」としてしまうおそれがある。「之《これ》を習ふ」とおぼえておけば、まちがいがない。「吾関せず焉」も同じことである。

新訓読法への動き

さて、このようにして訓点の原則に変化はないが訓読のしかたに変化がおこると、それを整理して新しい訓読法の原則を作ろうという動きがおこる。それは江戸時代も末期に近づいたころから顕著になり、多くの儒者がそれぞれに原則を編み出した。代表的なものは佐藤一斎・後藤芝山《しざん》・山崎闇斎《あんさい》で、その訓読法を一斎点・芝山点（または後藤点）・闇斎点と呼ぶ。これらの訓読法は、こまかい点では相互に差違があるが、大体は平安朝以来の訓読法から脱皮した江戸時代の読み方を法則化しようとしたもので、現在の訓読にいちじるしく接近したものであった。

ただし、平安時代から伝わった訓読法を全く否定した、革命的な方法が考えられたわけではない。結局は部分的な改良である。だから一斎点などの訓読には、「謂《おも》へらく」などという奈良朝時代の言葉から、「君、これを為《な》せば如何《いかん》」などという江戸時代の言葉を含んだ表現まで、日本語の歴史を一つにつきまぜたような、妙な日本文ができあがった。

また、平安朝の訓読は訓読しただけで意味がわかったが、江戸時代の新訓読は読んだだけでは意味が必ずしもわからないのが一つの特徴である。「望み見る」と読めばわかりやすいが、「望見《ぼうけん》す」と読んだのでは、もう一度「望見」の意味を考えないと、完全にはわからない。また「猛虎已死」は、平安朝では「猛虎は已《すで》に死にき」と読んだはずだが、新訓読では「猛虎已に死す」と現在形にしてしまう。したがって一度訓読しておいてから、ここの「死す」は過去のことなのだと説明しなおさなくてはならない。

こう書くと、江戸時代の新訓読はいかにも不合理なように見えるかもしれないが、それが成立するには、やはりそれだけの歴史的必然性があった。新訓読法はなるべく訓読を簡便にして誰にでも漢文が読めるように留意してあるとともに、漢作文をするときにも便利なようになっている。事実、佐藤一斎などが書いた漢文は、平安朝の人の漢文にくらべてはるかに純粋であり、りっぱな文章となっているのである。

訓読法の統一

新訓読法が行きわたったころは、もう明治維新になっていた。明治の漢学者たちは、新訓読法によって育てられた人が大部分だったようである。ただし一斎点・芝山点などと、それぞれの間ではまだ相違があった。

そのうちに学校教育が制度化され、漢文も教科の中に入れられたが、訓読法がまちまちでは先生も生徒も混乱する。そこで文部省が漢学者たちを委員に任命して訓読法の統一をおこなおうとし、審議の結果が明治四十五年三月二十九日、「漢文教授に関する文部省調査報告」として発表された。その中の「句読点・返点・添仮名・読方法」には、訓読法がこまかく規定してある。その一部を抜き書きしてみよう。

返　点　法

第一　返点ハ顚《てん》読ヲ容易ナラシムル為ニ施スモノトス　其ノ符号左ノ如シ

（イ）レ（れ点）（ロ）一、二、三等（ハ）上、下又上、中、下

（ニ）甲、乙、丙、丁等（ホ）天、地又天、地、人

第二　レノ符号ハ一字ヅツ顚読スル場合ニ用フ

玉不レ琢不レ成レ器　人不レ学不レ知レ道

ざっとこんな調子である。これは調査報告であって強制力は持たないが、以後の漢文教科書はみなこの訓点法に従うようになった。こうして江戸時代の新訓読法が、明治以後の学校教育の中で確立されたのである。

　現在の高校漢文教科書の訓読法も、ほぼこの明治四十五年報告の線に沿っている。ただし送りがなはかなり現代の送りがな法を採用し、その他の点でもこまかな違いはあるけれども、総体に江戸時代の新訓読の流れを受けていることは動かせない。だから、われわれが漢文を訓読して、これが昔から伝わった読み方だと言っても、実は江戸時代からの、場合によっては江戸末期からの百年あまりの期間に伝えられた読み方なのである。漢文訓読の長い歴史の中では、ごく短期間にすぎない。もちろんそのうちには、遠い昔の訓読が新訓読法の中にも生き残って伝えられたものもないわけでは

ないのだが。

5　むすび

有，也不能將她抛棄。』（原文是：貧賤之交不可忘，糟糠之妻不下堂。）光武帝和公主聽他這樣說，只有放棄自己的主張。

　這故事見於『後漢書』：『宋弘傳』，後來的人便將宋弘這兩句話引申成「糟糠之妻」一句成語，來說明貧賤時娶的妻子，一定是大家都共過一番艱苦患難，即使你作了大官或大富翁，也絕不能將她抛棄的。但是我們這個現實的社會，像宋弘這種人太少了，而抛棄糟糠之妻的事情卻太多了，雖然人各不同，但也正是這個社會不可避免的產物。

現代中国語の句読点（文は「糟糠之妻」の一節）

訓読法の功罪

漢文訓読法は外国語の読み方として、きわめて特殊な方法である。外国語として発音せず、いきなり日本語に訳してしまうのだから、便利にはちがいない。しかし便利だということは、一方では落とし穴があることを覚悟しなければならない。

訓読法は、原文を翻訳しながら読むものである。翻訳文が原文とこまかな点で差違を生ずることは、ある程度やむを得ない。しかも訓読された文は古い日本文であり、現代のわれわれとしては、それをもう一度現代日本語に訳しなおさなければならない。ここでもまた、原文との間にズレがおこる可能性がある。この過程の中で、原漢文とそれを訳した現代日本語とが、かなり大きな意味の差を持ってしまう可能性がある。

訓読法が成立したのは、漢文のもとである古典中国語が日常語としての意味を失ってしまった点にも原因があろう。かりに「学而時習之」が現代中国でも日常の口語として使われていたならば、われわれはこれを中国語として勉強して、なんの疑問もおこさなかったであろう。しかし現実には、「学而時習之…」を中国語で暗記しておいても、現代中国での日常会話に無用だとはいわないが、直接の役には立たない。

それならば中国語は中国語として勉強し、古典は訓読法で読みくだしてしまおう。この態度が平安朝からすでに現われたことは、前に述べた。だが、長い年月にわたって訓読法がおこなわれた結果は、「学《ビテ》時《ニ》習《フ》レ之《ヲ》」とあれば、もはや中国語という感覚はなくなり、はじめから日本語であるような気になってしまう現象が生ずる。ここが危険なところで、中国人が中国語で書いた原文をいきなり日本文として読み、日本語で理解するのだから、どこかで無理がおこることは常識的にも推測できよう。

だが一方、日本人が訓読で漢文を読み、訓読の頭で考え、みずからも漢文を書いたことは、動かすことのできない事実である。だから日本文化の問題として見るときには、原文の中国語としての意味がどうだと論じても始まらない。過去の日本人が訓読でどう読み、どう考え、またどう書いたかが、主要な問題となるであろう。

つまり、「漢文」を考えるときには、二つに区分しなければならないのである。一つは日本文化の伝統としてであって、訓読法によって伝えられた漢文の思想性・文学性が日本人の中にどう浸透したかが主題となるから、訓読をぬきにしてこの問題を考えることはできない。もう一つは中国の古典を読み、その思想や文学・歴史を考えることであって、この場合には訓読は便利であると同時に穴の多い読み方だということになる。

訓読と現代中国語

しかし、それならば中国の古典を読むとき、訓読法を捨てて現代中国語を用いるべきだろうか。原理としては、たしかにそれが正しい。ただ考えておかなければならないのは、それが原理的に正しいということなのであって、現代中国語で読むほうが誤りなく原文を解釈できるというわけではない点である。言いかえれば、訓読では原文の解釈をまちがえるところが、現代中国語で読めばまちがえないという点が存在することは事実であるが、すべての点がそうなのではない。

現代中国語と古典中国語は、同じ中国語には違いないが、かなり大きな差がある。だから現代中国語がわかれば古典中国語も正しく読めるというような、単純な関係は成立しない。もしもそれが可能ならば、現代の中国人は全部中国の古典が読めることになるが、事実はそうではないのである。これは日本語から類推すれば、簡単に理解できよう。われわれは現代日本語を自由に話し、読むことができる。しかし、だから万葉や源氏を正しく解釈できるわけではない。西鶴・馬琴でさえむずかしかろう。そして『論語』は万葉よりも、唐詩は西鶴・馬琴よりも、はるかに遠い昔の作品なのである。

　したがって現代中国語を学んだ人は、さらに古典中国語に進んで、はじめて中国の古典が理解できるようになる。現代語の頭で古典を読むのは常に危険なのであって、日本語でも「あやしき山がつ」とあるのを「挙動不審のきこり」と訳したらとんでもない誤訳になる。ところが訓読法は、もっぱら古典中国語だけを対象としたものなので、ときには現代語で読んでまちがえるところを正しく解釈できることもあるから、問題は複雑なのである。

　また、中国の古典は古典中国語の発音で書かれたのだから、現代中国語で発音するのは無意味だという議論がある。しかしこれはおかしいのであって、日本語でも万葉時代の発音と現代の発音とでは違うのだが、われわれは『万葉集』を現代語で発音して、少しもふしぎだとは思わない。古代の発音を研究するのは専門の言語学者のしごとであり、普通の人は現代語で発音して、いっこうにさしつかえがない。

　中国古典語の発音で読むことはむずかしいが、漢字に対する日本語の漢音・呉音は、そのおもかげを残しているのだから、現代中国語で読むよりは日本語の漢音・呉音で読むほうがよいという議論もある。ちょうど坊さんがお経を読むのと同じように、「学《ガク》而《ジ》時《ジ》習《シフ》之《シ》…」と読んでゆくわけである。

これは、いちおうは筋の立った意見である。前にも書いたように、日本語の漢音・呉音は古い中国語の化石みたいなものだから、現代中国語よりはかえって古典中国語の発音に近いことが多い。たとえば「国」は、中国語の古い発音ではkok、現代の標準語ではguoであり、日本語のkokuのほうが、古い発音に近い。

だが、この意見にも欠陥がある。漢音・呉音はいくら原音に近いといっても、しょせん英語をカタカナで書いて読むようなもので、原音の再現ではない。もう一つ、中国語には四声というアクセントの区別があって、これは漢音・呉音にはあらわされていない。だから漢音・呉音で読むのはI am going to Washingtonをアイアムゴーイングツーワシントンと、カタカナどおりにアクセントもイントネーションもなしに棒読みにするのと同じことであって、訓読で読むよりましだとは、とても言いきれないのである。

さて、ここまでに述べてきたことをふりかえりながら、最後の総括をしてみよう。

大切な訓読法への理解

中国の古典を読むことを専門とする人々、すなわち中国の歴史や思想・文学・芸術などの研究者は、漢文訓読法についての知識を持っていることは必要だが、それよりも現代中国語で読むべきだと、私は考える。それは中国語で読んだほうが誤解が少ないという消極的な理由からではない。外国の文化に対決するという研究者の「姿勢」が問われなければならないからである。だがこの本は、専門家を対象としてはいない。専門家の話には深入りしないことにしよう。

同じく専門家であっても、日本の歴史・文化を研究する人々は、中国語についていちおうの理解を持つことが望ましいが、それよりも漢文訓読法に関して十分な知識がなければならない。だがこの本は、やはり専門家の役に立つほどのこまかい点まで書くことはできなかった。こちらの側でも、専門的な問題に深入りすることは避けなければならない。

残るところは、専門家ではないが中国の古典に興味を持つ人々、大学の教養課程ないし高校で漢文を学び、または強制的に学ばせられている人々である。これらの人々がすべて中国語を初歩から学び、中国古典語が理解できるところまで到達することは、現実にはほとんど不可能に近い。もちろん中国語を学ぶことは大いに望ましいが、なまはんかな現代中国語の知識で古典にとりつこうとするのは、有効でないばかりか、むしろマイナスになるおそれがある。

それならばむしろ、漢文訓読法について十分な理解を持つことが望ましい。ただその場合に心得ておいてほしいのは、第一に訓読は便利な方法ではあるが原文の解釈として完全とはいえないことであって、それはいままでにくりかえして述べた。第二に、ともすると高校で教えられた漢文が漢文のすべてであり、日本人は昔から同じように漢文を読んでいたと考えてはならないことである。われわれは訓読の歴史上の一点に立っているにすぎず、全歴史を包含した訓読法を確立しているわけではない。第三に、漢文訓読法は中国の古典を対象とするところから出発しているので、中国の現代文を読むためのものではない。もっとも訓読に習熟すれば、ある程度まで現代文を読みこなせるようになるはずだが、そこには現代中国語で古典を読むのと同じ危険性があることを忘れてはならない。

ことによると、遠い将来、日本語の中から漢語や「いわゆる（所謂）」などといった訓読に由来する言葉がすべて消え去り、漢文訓読ができる人を無形文化財に指定するような事態がおこるかもしれない。しかし現在、漢文はわれわれの生活の中に生きている。それを、単に日本文化の伝統のうちにあったものだからという後向きの姿勢で護持するのではなく、これからの日本人が中国の古典を理解するための方法として発展的に考えることも必要であろう。この本は、そこまで論及することはできなかったが、漢文訓読の概要を説明することによって問題のいとぐちを提供するものとなり得たならば、幸いである。

解説

齋藤希史

「正しい言語・文字、文体で書かれたシナの書状や文書」。十七世紀の初めにイエズス会宣教師によって編まれたポルトガル語による日本語辞書『日葡辞書』には、Canbunという見出し語があり、そう説明されていた（土井忠生・森田武・長南実編訳『邦訳日葡辞書』岩波書店、一九八〇）。

宣教師が下したこの定義は、当時の通念として過不足ないものと察せられる。古典的な語彙と文体で書かれた中国の文章、というふうに言い換えれば、そのまま現代の辞書の定義としても通用しそうだ。しかし、本書『漢文入門』が第1章で展開する漢文の定義づけは、さらに一歩を進める。「「漢文」とは中国の古典的な文を、中国語を使わずに、直接日本語として読んだ場合、その文に対してつけられた名称である」（18頁）。「中国の古典的な文」は、それ自体ではまだ「漢文」ではない。日本語の読みをともなって初めて「漢文」となる。それゆえ、本書は訓読のしくみと歴史について多くの紙幅を費やす。

それはまたこういうことでもある。書記言語としての中国古典文は、「漢文」として訓読されることによって、その成立の基盤となった中国大陸の言語を超えて読み書きされるにいたった。漢字という表語文字の特性を生かした書記言語であればこそ訓読が有効に機能したと考えれば、こうした越境の可能性は中国古典文という書記言語にあらかじめ内包されていたのだと見なすこともできる。

すなわち訓読は、中国古典文にとって付加的なものでなく、むしろその本質にかかわる拡張である。事実、訓読は日本にのみ見られる特殊な技法というわけではなく、形態や消長の違いはあるにせよ、中国をとりまく地域のそこかしこに見られる（金文京『漢文と東アジア　訓読の文化圏』岩波新書、二〇一〇）。中国古典文は漢文となることで、より普遍的な書記言語になったのである。

そもそも中国という世界の形成そのものが、書記言語の伝播と拡張によって行われたのであった。殷の卜占の儀式によって発達した甲骨文字がまずあり、それを応用した周の金文が青銅器とともに封建制度を支えて黄河流域はもとより長江流域以南にも広まり、各地域の口頭言語との関係をそれぞれ調整しながら、一定の形式をもった書記言語が流通する。それが秦漢統一帝国の統治を支え、広大な中国という世界を作り上げた。中国は、言語や習俗の差異を飲みこんだ文字の帝国として成立したのである。いったん文字のベールに覆われてしまうと、もともとあった差異は次第に見えにくくなり、縮減してしまうことにもなる。

一方、地理的かつ歴史的条件によって文字世界への参入が遅れた朝鮮半島や日本列島などは、後から加わったがゆえに、もともとの言語や習俗をそれなりに保持しつつ、文字世界への対応を模索した。日本では、『古事記』のように中国古典文とは異なる漢字文を綴ることによって倭語固有の書記を試みる場合もあれば、『日本書紀』のように中国古典文をそのまま用いて文字世界との連絡を図る場合もあった。前者は、本書が説く漢文の範疇には入らないが、文字と言語とをどのように関係づけるかという観点からすれば、訓読と表裏をなす工夫のあらわれである。日本における文字の使用や書記文の形成に、訓読は深くかかわっている。

「漢文」という語は、中国の外において用いられる呼称である。第1章に説明されるように、中国で「漢文」と言えば一般に漢代の文章ということになるが、日本では和漢の「漢」であることがまず前面に出る。文字世界の成立によって強大な力を得た中国文明の周縁に位置した古代日本は、和と漢という境界を設けることで、自己の保全を図ろうとした。文字による外交と統治は、もはや避けられない。それを受け入れつつ、何らかの固有性を内部に作り上げていく作業が、独立した国家には必要だ。和と漢という弁別のしくみはその点でたいへん有効だった。この弁別は漢を排除するために設けられたのではない。むしろ、それを安全に受容し、定着させるために設けられた手法である。その意味で「漢文」という呼称は、文字世界の受容とそこへの接続の技法としての訓読をたしかに前提としている。

そのように考えると、訓読という技法が広く見られることは事実であっても、なぜ日本においては、他の地域と異なってそれが継続的に広い範囲にわたって用いられ、文字を読むだけではなく書くという側面においても一貫して重要な働きをなしたのか、という問いへの答えが浮かび上がる。外国としての「漢」というよりも、「和」をおぎなう文化の構成要素として「漢」を位置づけたことが、訓読という技法の定着をもたらし、またその技法の定着ゆえに、「漢」が海のかなたからやって来たものでありつつ、すでにこちらのものとして機能しているという意識を読解の実践によって具現することができた。もしも中国古典文をそのまま外国語として、その語順のままに発音しつづけたなら、和漢によって構成される日本という図式は成り立たなくなる。その文章は、読み書きにいっそうの修練が必要となり、日常言語との距離もいっそう大きくなり、特別な階層の専有物として機能せざるを得なくなる。

日本における意味と類似した「漢文」という語が中国にまったくないかと言えば、じつはそうではない。たとえば、二世紀に漢訳された『道行般若経』に四世紀の仏僧道安《どうあん》が付した序文には、「桓霊之世、朔仏齎詣京師、訳為漢文（桓霊《かんれい》の世、朔仏《さくぶつ》齎《もち》て京《けい》師《し》に詣《いた》り、訳して漢文と為す）」という文が見え、後漢の桓帝・霊帝の時代に朔仏という僧がこの経典を携えて洛陽にやってきて漢文に訳したと述べるけれども、この「漢文」は、中国語の文章ということである。おそらくは古典文として整ったものではなかったであろうから、日本で言う漢文とはいささか異なる。しかし、中国の文章を自明のものとせずに、他の地域の文章と対照させて「漢」と称していることには、やはり注意せねばなるまい。仏典は中国語ではなく、漢字で書かれているわけでもないから、訳す必要があった。「翻訳」という漢語は、仏典の訳業に由来する。中国もまた閉じた天下ではなかったのである。

「漢字」という漢語もまた、もともと梵字と対照されて用いられていたことをここで想起すべきかもしれない。文も字も、それが生まれた場所においてはそこにしかない自明のものである。だがそれを自明としたままでは、他との交通を図ることはできない。中国においても、そうした交通への契機は仏教を始めとして存在しなかったわけではない。だが、文化のシステムとしては交通よりも吸収と同化という力が常に働いた。「漢字」や「漢文」も、自らを対象化する熟語として広く行きわたることはなかった。日本が和漢の弁別を文化の駆動力として活用したのは、そうせざるを得なかったということではあるのだけれども、結果として、興味深い文化の意識と形態をこの列島にもたらすことになった。本書は、それを知るための手引きとなる。そしてそれこそが「漢文」の要点だとするのは、まさに著者の見識である。

上田敏は、明治三八年（一九〇五）に出版した訳詩集『海潮音』の序をこう結んでいる。

異邦の詩文の美を移植せむとする者は、既に成語に富みたる自国詩文の技巧の為め、清新の趣味を犠牲にする事あるべからず。而も彼所謂逐語訳は必らずしも忠実訳にあらず。されば「東行西行雲眇眇。二月三月日遅遅」を「とざまにゆき、かうざまに、くもはるばる。きさらぎ、やよひ、ひうらうら」と訓み給ひけむ神託もさることながら、大江朝綱が二条の家に物張の尼が「月によつて長安百尺の楼に上る」と詠じたる例に従ひたる処多し。

『今昔物語集』巻二四に続けて載せられるこの二つの話柄は、本書の第4章にも言及される。上田敏の引用の趣旨と著者の言わんとするところは同じではないが、訓読が翻訳と近似する機能をもつことが、近代にいたって西欧文学を日本語で享受しようとしたときに、一つの文化的経験として呼び起こされたという事実は、日本語とはどのような言語なのか、とりわけその境界や重層性について考える上で、示唆を与えてくれるだろう。贅言を加えるなら、訓読がただ意味の解釈を事とするのではなく、声に出して吟ずるためのことばであったことも、これらの話柄は伝えてくれる。『海潮音』の訳詩が語調に意をはらうこと、言うまでもない。訓読もまた音声が重要だ。

そういったことも含めて、近年、訓読はさまざまな角度から研究がなされ、海外の学者からも注目されるテーマとなっている。本書が講談社現代新書として刊行されたのは一九六八年。当時は、ややもすれば、中国語で音読しなければ意味がないとするか、旧来の訓読法を墨守するか、立場がわかれる傾向にあり、著者のように漢文のありかたとして訓読をとらえ、広い読者に向けてそれを説くことは少なかった。本書は、いま盛んに行われる訓読論の先駆となる著作である。

原著刊行以後の研究を知るためには、前掲『漢文と東アジア』のほか、日本語学の専門家による解説に吉田金彦・築島裕・石塚晴通・月本雅幸編『訓点語辞典』（東京堂出版、二〇〇一）があり、分野をまたがった共同研究の成果として中村春作・市來津由彦・田尻祐一郎・前田勉編『「訓読」論　東アジア漢文世界と日本語』（勉誠出版、二〇〇八）、同『続「訓読」論　東アジア漢文世界の形成』（勉誠出版、二〇一〇）、小島毅監修・中村春作編『訓読から見なおす東アジア』（東アジア海域に漕ぎだす5、東京大学出版会、二〇一四）がある。それ以外にも参考となる専著はあるが、基本的にはこれらの書籍の中で言及されているので、参照していただきたい。

著者前野直彬氏は、一九二〇年東京生まれ、一九四七年に東京帝国大学を卒業し、京都大学大学院、名古屋大学講師、東京教育大学助教授を経て、一九五八年に東京大学文学部助教授に着任、一九六八年に教授となった。専攻は詩文から小説にわたる中国古典文学。専門の著述はもとより、岩波文庫の『唐詩選』や平凡社東洋文庫の『唐代伝奇集』など、平明な訳注にも業績が多く、読者に親しまれた。一九八一年に退官、一九九八年に世を去られた。なお、その学問については、著者のエッセイ集『新装版風月無尽　中国の古典と自然』（東京大学出版会、二〇一五）に齋藤による解説があるので、そちらにゆずりたい。

この解説を草するにあたって改めて本書を通読し、啓発されるところが多々あったばかりではなく、「まえがき」に示された著者の態度には、心から敬意と共感を覚えた。個人的な所念に過ぎないとは承知しつつ、記して結びに代える。

(さいとう・まれし/東京大学教授)